Früh übt sich ...!

Christlicher Lebensstil und Andachten in der Familie

Eberhard Mühlan

Mühlan-Tip 1

Schulte & Gerth

Lied auf S. 66 „Vergiß es nie“:
Originaltitel: I got you,
Text und Musik: Paul Janz, Deutsch: Jürgen Werth

Best.-Nr. 15 681
ISBN 3-89437-681-6
1. Auflage September 1989
2. Auflage Oktober 1989
3. Auflage Dezember 1989
4. Auflage März 1990
5. Auflage Oktober 1990
Umschlaggestaltung: Herybert Kassühlke
Text- und Umschlagillustration: Knut Thomas Adler
Satz: Pulverich-Druck GmbH, 6342 Haiger 4
Druck und Verarbeitung: Ebner Ulm
Printed in Germany

Inhalt

Einführung

Für Eltern, die ihren Erziehungsauftrag ernst nehmen, wird sich das Thema „christlicher Lebensstil in der Familie" und erst recht „Familienandachten" mit dem Heranwachsen der Kinder als große Herausforderung entpuppen.

Bibellesen, Beten und Singen — so im landläufigen Sinn — haben wir praktiziert, seitdem unsere ältesten Kinder klein waren. Das gehört sich ja für eine christliche Familie! Aber ich war immer unzufrieden und wußte, es sollte eigentlich anders laufen. Es reicht einfach nicht aus, täglich das gleiche Tischgebet herunterzusprechen, am Morgen stereotyp ein frommes Kalenderblatt abzureißen oder mit einer Kinderbibel in der Hand müde fünf Minuten vor dem Zubettgehen zu verbringen.

Im Zusammenhang mit einer persönlichen, geistlichen Erneuerung haben mich vor Jahren einige Verse aus 5. Mose, Kapitel 6, regelrecht aufgewühlt: „Und diese Worte, die ich dir heute gebiete, sollen in deinem Herzen sein. Und du sollst sie deinen Kindern einschärfen ..." (Verse 6-7).

In meinem Herzen waren die Worte Gottes schon, aber sie meinen Kindern einschärfen? Davon war ich weit entfernt. Ich wußte nicht einmal, wie ich das bewerkstelligen sollte.

Ich wollte lernen und kramte mir alle möglichen Kinderandachtsbücher zusammen. Die meisten vermochten weder mich noch meine Kinder zu begeistern. Geduldig und gelangweilt starrten sie auf ihre Frühstücksteller, bis Papa endlich mit seiner Zeremonie fertig war. Dann versuchte ich, mir Anregungen von anderen Eltern zu holen. Viele waren genauso hilflos und schuldbewußt wie ich. Ich stieß jedoch auf einige, die es verstanden, auf ihre Kinder einzugehen und sie zu begeistern. In der Regel beriefen sie sich auf eigene Ideen und arbeiteten gar nicht oder nur zeitweise mit Andachtsbüchern. Jahr für Jahr sammelte ich Erfahrungen und entwickelte schließlich ein Muster, mit dem meine Kinder und ich zufrieden waren.

Diesen Erfahrungsschatz und den vieler Freunde unserer Familienarbeit möchte ich Ihnen, lieber Vater und liebe Mutter, weitergeben. Insbesondere danke ich folgenden Familien für ihre ausführliche inhaltliche Mitarbeit an einigen Kapiteln: Familie Schröter (Kapitel 2), Familie Keller (Kapitel 3 und 7) und Familie Lüling (Kapitel 4 und 7). Von ihren Anregungen werden Sie, je nach Alter Ihrer Kinder, sicherlich viel übernehmen können.

Dies ist also kein weiteres Andachtsbuch, sondern soll eine „Ideenbörse" sein — eine Ermutigung und Anregung für Ihren christlichen Lebensstil und die Gestaltung Ihrer Familienandachten.

„... dies sollst du deinen Kindern einschärfen!“

In 5. Mose, Kapitel 6, finden Sie eine der wichtigsten Anleitungen für Eltern zur biblischen Unterweisung in der Familie: „Du sollst den Herrn, deinen Gott, lieben mit deinem ganzen Herzen und mit deiner ganzen Seele und mit deiner ganzen Kraft. Und diese Worte, die ich dir heute gebiete, sollen in deinem Herzen sein. Und du sollst sie deinen Kindern einschärfen, und du sollst davon reden, wenn du in deinem Hause sitzt und wenn du auf dem Weg gehst, wenn du dich hinlegst und wenn du aufstehst" (Verse 5-7).

Über diese Verse kann ich mich immer wieder neu begeistern. Lebendig und praxisnah erläutern sie Eltern, worauf es bei einer biblischen Unterweisung ankommt. Fünf Prinzipien lese ich heraus:

Eltern tragen die Hauptverantwortung

Tatsächlich, uns Eltern wird die Hauptverantwortung für die biblische Unterweisung unserer Kinder aufgetragen. Sie dürfen diese nicht einfach auf andere Schultern abwälzen und meinen: „Ach, dafür ist unser Pastor zuständig" oder: „Das machen doch schon die Mitarbeiter der Kinderarbeit."

Ich wünsche mir, daß Ihnen die folgende Erkenntnis richtig unter die Haut geht: „Gott hat mir meine Kinder für die Jahre ihrer Unmündigkeit anvertraut. Er wird einmal Rechenschaft fordern und mich fragen: Welches Bild hast du ihnen von mir vermittelt, und was hast du ihnen mit auf den Lebensweg gegeben?"

Es hat auch wenig Sinn, über die bösen Einflüsse zu klagen oder auf die Gemeinde und Kindermitarbeiter zu schimpfen, die sich mehr Zeit für Ihre Kinder nehmen sollten.

Vor Gott tragen Sie ohnehin die Hauptverantwortung! Alle anderen Einrichtungen können Ihnen helfen, aber Ihnen diese Aufgabe nicht abnehmen. Und wenn andere das vernachlässigen, müssen Sie sich um so stärker darum kümmern.

Biblische Unterweisung ist ein Gebot Gottes

Lehre und Anbetung in der Familie ist nicht eine Möglichkeit oder ein guter Ratschlag, sondern ein Gebot Gottes. Zumindest für Christen, die ihre Bibel beim Wort nehmen. In diesen Versen lesen Sie genauso ein „Du sollst ...!" wie zum Beispiel bei den Zehn Geboten. Das hat mir sehr zu denken gegeben.

Ein aktives Lernen und Einüben von Gottes Geboten

„... du sollst sie deinen Kindern einschärfen ..."! Der Begriff „einschärfen" hat mir keine Ruhe gelassen. Damit kann doch nur ein aktives Lernen und Einüben von Gottes Geboten gemeint sein! Keine routiniert abgespulten Familienandachten oder schläfrigen Minuten vor dem Zubettgehen, sondern ein gut durchdachtes, geistliches Training, das antichristliche Manipulationsbestrebungen berücksichtigt!

Keine sture Paukerei!

Sie könnten diesen Begriff „einschärfen" leicht mißverstehen. Damit ist ganz bestimmt keine sture Paukerei gemeint: Alle Kinder stehen — ähnlich wie auf dem Titelbild zu sehen — wie die Orgelpfeifen, und Sie fragen mit dem Zeigestock Bibelverse ab. Nein, Gottes Wort meint es anders.

Biblische Unterweisung soll sich natürlich und harmonisch in den Tagesablauf einpassen und auf die alltäglichen Erfahrungen Bezug nehmen: „Und du sollst davon reden, wenn du in deinem Hause sitzt (beim Nachmittagskaffee auf der Terrasse) und wenn du auf dem Wege gehst (zum Einkaufen bei Aldi), wenn du dich hinlegst und wenn du aufstehst" (Vers 7).

Also nicht nur „geheiligte" zehn Minuten am Frühstückstisch, und dann wird nicht mehr über Gott und Glauben gesprochen. Es muß Ihnen gelingen, über Gott und den christlichen Lebensstil zu jeder Tageszeit zu sprechen. So, wie Sie mit Ihren Kindern über andere Dinge plaudern, so auch über Glaubensfragen.

Kinder sind da wesentlich unkomplizierter als wir Eltern, oder nicht? Da schieben Sie den Einkaufswagen durch die Gänge des Supermarktes. Ihr Kleiner singt lauthals die frommen Lieder von der Kinderstunde, und Sie schauen peinlich berührt zur Seite oder tun so, als sei es nicht Ihr Kind.

Kinder müssen an Ihnen erleben, daß der Glaube an Jesus Christus nichts Peinliches oder etwas zu Verheimlichendes ist, sondern die natürlichste und begeisterndste Sache der Welt, die jeder erfahren darf.

Gott selbst erlebt haben!

„Du sollst den Herrn, deinen Gott, lieben mit deinem ganzen Herzen und mit deiner ganzen Seele und mit deiner ganzen Kraft" (Vers 5-6).

Biblische Unterweisung erstarrt in Religiosität und Gesetzlichkeit, wenn Eltern nicht selbst eine persönliche Beziehung zu Jesus haben, vom Glauben ergriffen sind und auch entsprechend leben.

Ihr Vorbild ist von elementarer Wichtigkeit. Wie erleben Ihre Kinder Ihren christlichen Glauben? Sieht Ihr Kind, wie Sie häufig in der Bibel lesen, hört es, wie Sie täglich beten und sich ungezwungen über Ihre Glaubenserfahrungen unterhalten? Wie registriert das Kind Ihre Aufrichtigkeit und Ihre Liebe zum Nächsten? Die Familie ist wohl der Ort, an dem sich am deutlichsten zeigen kann, daß Jesus Ihr Leben verändert hat.

*

Zum „geistlichen Training" Ihrer Kinder gehören also zwei wichtige Bereiche: der eine ist eine zielgerichtete biblische Unterweisung und der andere der Lebensstil in Ihrer Familie. Beides gehört zusammen!

Jesus warf den religiösen Führern seiner Zeit zweierlei vor: „Ihr irrt, weil ihr die Schriften nicht kennt, noch die Kraft Gottes"! (Matthäus 22,29).

Damit Ihre Kinder nicht auch einmal „in die Irre" gehen, müssen sie die „Schriften" wie auch die „Kraft Gottes" kennenlernen, das heißt doch, sie brauchen eine sorgfältige biblische Unterweisung und müssen gleichzeitig durch einen natürlichen und begeisternden christlichen Lebensstil in der Familie und in der Gemeinde die Kraft Gottes kennenlernen. In den folgenden Beiträgen geht es stets um diese beiden Aspekte.

Von Anfang an: Biblische Unterweisung für Säuglinge und Krabbelkinder

Für viele klingt es fremd, Babys bzw. Kleinkinder aus der Bibel zu unterweisen. Vielleicht haben auch Sie bisher gedacht: „Kleine Kinder können doch noch nicht viel verstehen. Warum soll ich ihnen biblische Wahrheiten vermitteln? Ja, später ..., aber jetzt noch nicht"!

Dies ist ein Irrtum! Eltern unterschätzen ihre Kleinen in der Regel, weil die sich verbal noch nicht so ausdrücken können. Aber Babys nehmen viel auf, sie lernen von Anfang an! In den ersten zwei Lebensjahren lernen sie so viel wie später in einem vergleichbaren Zeitraum nicht wieder. Das Kleinkind ist wesensmäßig ein „Lernkind".

Die körperliche Entwicklung ist sichtbar, die geistige bzw. geistliche Entwicklung dagegen nicht so augenfällig, aber genauso intensiv. Höchstwahrscheinlich sind Sie wachsam darauf bedacht, Ihr Baby mit eiweiß- und vitaminreicher Kost zu versorgen, damit es prächtig gedeiht. Das ist gut. Aber genauso wichtig ist es, Ihrem Kind „gute Nahrung" für sein geistliches Wachstum zu geben.

Der Mensch besteht aus Geist, Seele und Leib. So hat ihn Gott geschaffen. Alle drei Bereiche müssen berücksichtigt werden. Keiner darf unversorgt oder unterversorgt bleiben. Die Verantwortung, das Baby in seiner geistlichen Entwicklung zu fördern, ist nicht geringer als die, seine körperliche Entwicklung zu unterstützen.

Schon während der Schwangerschaft, erst recht von der Geburt an, ist das Baby für Eindrücke, Erlebnisse und Erfahrungen aus seiner Umwelt aufnahmefähig. Genauso offen ist es für geistliche Wahrheiten. Kleinkinder sind wie eine Kornkammer. Sie haben die Verantwortung, ja das Vorrecht, sie mit „biblischen Schätzen" zu füllen. Und diese fallen tief in ihr Herz, denn sie werden noch nicht mit dem Verstand verarbeitet.

Sie mögen sich fragen, wie kann ich das bei einem Baby oder einem Krabbelkind bewerkstelligen? Das hatte ich mich auch gefragt. Ich war mit unserem ersten Kind schwanger und lernte auf einer Tagung eine Mitarbeiterin kennen, die mir einige Kinderlieder vorsang. Sie waren ganz einfach, hatten aber eine tiefe Aussage. Sie berührten mich tief, und ich wußte: Das ist der Weg!

Eigentlich ist die ganze Sache einfach und unkompliziert: *Es geht darum, den kindlichen Alltag bewußt mit Gott in Zusammenhang zu bringen.* Sie sind doch mit Ihrem Kleinkind ohnehin den ganzen Tag zusammen. Da gibt es viele Möglichkeiten, ihm Gott nahezubringen. Zum Beispiel, indem Sie mit dem und für das Baby beten: „Danke, Jesus, für meinen kleinen Simon. Ich freue mich, daß du da bist." Oder Sie singen beim Spielen oder Stillen: „Gott liebt Miriam, er liebt sie, Gott liebt Miriam, er liebt sie, Gott hat Miriam so gemacht und sie sich so ausgedacht."

Wenn Sie spazierengehen, dann erklären Sie nicht nur: „Guck, das ist ein Baum", sondern Sie sagen auch einmal: „Das ist ein Baum, und den hat Gott gemacht."

Was ich eben beschrieben habe, ist letztlich nichts Neues. Christliche Eltern haben schon immer für ihre und mit ihren Kindern gebetet, ihnen von Gott erzählt und vorgesungen. Die Frage ist nur, ab welchem Alter und mit welcher Hingabe.

Das landläufige Denken ist doch nach wie vor: Babys kapieren noch nichts, und von Jesus kann man ihnen erst recht nichts erzählen. Dieses Denken müssen Eltern ablegen. Wenn ein Kleinkind innerhalb von 24 Monaten durch Beobachten und

Nachahmen lernt, wie man richtig spricht und seine Körperfunktionen beherrscht, dann wird es in dieser Zeit auch schon etwas von Gottes Allgegenwart, seiner Liebe und Fürsorge verstehen! Und für diesen Gedanken möchte ich Sie begeistern. Denken Sie nicht, biblische Unterweisung beginne erst im Kindergartenalter, nein, beginnen Sie jetzt schon mit Ihrem Säugling.

Suchen Sie nach weiteren Anregungen: Aus Amerika kommt eine Anleitung, die sich „See and Know" nennt, zu deutsch: „Sehen und Verstehen". Es ist eine biblische Schulung für Babys und Kleinkinder bis ca. drei Jahren für das Leben mit Gott im Alltag. „Jugend mit einer Mission" (Schloß Hurlach, 8931 Hurlach) hat sie übersetzt und bietet Seminare und weiteres Material für junge Eltern an. Über den „Mühlan-Medien-Dienst", Leipziger Str. 233, 3300 Braunschweig, können Sie eine ausführliche Vortragskassette von Karin Schröter erhalten.

Hier einige wesentliche Hinweise aus „Sehen und Verstehen":

Über die Bibel

Die Bibel ist die Quelle unseres Wissens über Gott, die Schöpfung und seinen Plan mit uns Menschen. Sie ist der Ursprung aller unserer Weisheit, vor ihr haben wir große Achtung.

Diese Haltung kann Krabbelkindern emotional weitergegeben werden. Während Sie erklären und vorsingen, darf das Kind Ihre Bibel vorsichtig halten.

Über Gott

Gott ist der Schöpfer der Welt und all ihrer Bewohner. Gott liebt mich, er will mich, er sorgt für mich, er will zuhören und helfen.

Die alltäglichen Dinge werden in Bezug mit Gottes Schöpferkraft gebracht, indem Sie zum Beispiel betonen: „Schau, dies ist ein Baum, und den hat Gott gemacht." Das Kind erlebt, wie Eltern „Danke, Vater im Himmel" sagen und lernt selbst auszusprechen: „Danke, Gott", „Gott macht …", „Gott liebt …"

Über Jesus

Jesus kam als kleines Baby auf die Erde. Er ist mein besonderer Freund. Jesus versteht mich und liebt mich. Er liebt jeden Menschen, auch wenn der einmal Böses tut.

Über biblische Persönlichkeiten

Sie waren auch einmal Säuglinge und Kinder. Sie wuchsen auf, waren hin und wieder ungezogen, aber sie lernten, Gott zu gehorchen.

Das Kind hört ihre Namen, singt Lieder über sie, fühlt sich zu ihnen hingezogen und lernt: Die Männer und Frauen der Bibel waren einmal klein wie ich, und Gott konnte sie für seinen Plan gebrauchen.

Über Familienbeziehungen

Wir wollen bewußt ein positives Bild über die Familie vermitteln: Gott plante die Familie, er wollte

Vatis, Muttis, Brüder und Schwestern. Das Kind lernt, für die Familienmitglieder zu danken und sie zu lieben. Es erfährt die Sicherheit in einer Familie, den Wunsch, anderen eine Freude zu bereiten, ein Verlangen, zu helfen, zu gehorchen und zu teilen.

Über sich selbst

Ein gesundes Wertgefühl soll aufgebaut werden: Gott schuf mich besonders und hübsch. Ich bin ein Kind Gottes, ich bin wichtig. Ich habe einen Körper mit vielen Gliedern, den ich für Gott gebrauchen kann. Ich kann mich entscheiden, Gutes zu tun und Gottes Herz zu erfreuen.

Dies sind einige Lernziele, die schon für ein Krabbelkind gelten. Da das Kleinkind seine Umwelt sehr wachsam studiert, sind Sie sich ja bewußt, daß Ihr Vorbild starke Eindrücke hinterläßt.

Denken Sie einmal über folgende Fragen nach:

— Wenn Ihr Baby Sie beobachtet, was wird es sehen und entsprechend lernen?
— Wird es beobachten, daß Gott an erster Stelle steht?
— Wird es hören, wie Sie mit Gott sprechen und ihm für seine Segnungen danken?
— Wird es erleben, daß der Sonntag ein wichtiger und schöner Tag ist?
— Wird es Wertschätzung und Geborgenheit erfahren oder engstirnige, egoistische und lieblose Verhaltensweisen?
— Wird es lernen, Regeln und Grenzen zu akzeptieren, die aus Weitsicht und Liebe gesetzt sind?

Gerade bei einem Kleinkind sollten Eltern die entwicklungspsychologisch begründeten Schlüssel zu einem effektiven Lernen kennen und berücksichtigen:

Erfahrung

Ein Baby lernt aus Erfahrung. Untersuchungen zeigen, daß Kinder in einer angenehmen Umgebung und einer Atmosphäre der Liebe und Sicherheit besser lernen.

Neugierde

Neugierde ist ein Schlüssel, um Aufmerksamkeit zu gewinnen. Handbewegungen, Gegenstände, die erscheinen oder verschwinden, wechselnde Bilder, all dies stimuliert ein Kleinkind zu größerer Aufmerksamkeit. Nur müssen Sie darauf achten, daß Sie diese visuellen Hilfsmittel sorgfältig einsetzen — nicht zu langsam oder zu hastig.

Beständige Wiederholung

Beständige Wiederholung stärkt das Erinnerungsvermögen und gibt dem Baby Sicherheit. Bilder, Bewegungen, Lieder und Worte sollten immer wieder in der gleichen Form vorgetragen werden.

Singen

Singen erhält die Aufmerksamkeit, hilft, das Vokabular zu kontrollieren, und bewirkt auf angenehme Art eine ständige Wiederholung. Es ist erwiesen, daß Kleinkinder über das gesungene Wort mehr aufnehmen als über das gesprochene.

Das Vokabular

Von der Geburt an bauen Babys ihr eigenes Vokabular auf. Sie werden so sprechen, wie sie es hören. Sie ahmen die Menschen um sich herum nach. Gebrauchen Sie gewisse Ausdrücke immer wieder, wie zum Beispiel: „In der Bibel sagt uns Gott ...", „Dies hat Gott gemacht ..." oder „Gott weiß ..." und „Jesus liebt ..."
(aus „Teacher's Handbook for See and Know")

Diese Gedanken und Hilfen streuen Sie in den täglichen Umgang mit Ihrem Baby ein. Das Ganze hilft auch Ihnen, die Dinge um Sie herum mehr aus Gottes Sicht wahrzunehmen und sich in seiner Gegenwart zu bewahren. Darüber hinaus sollten Sie regelmäßig kleine Andachten gestalten.

Unsere Miriam mit ihren eineinhalb Jahren war immer ganz aufgeregt, wenn Andachtszeit war. Sie setzte sich dann auf dem Teppich auf Papas Schoß und ich mich ihr gegenüber. Aufmerksam schaute sie auf die Bilder und verfolgte meine Bewegungen. Hielt ich ihr einen Spiegel vor, und sang ich das Lied, daß Gott Miriam hübsch gemacht habe und sie liebe, jauchzte sie vor Begeisterung. Sang ich das Lied zur Bibel, legte sie zärtlich ihre Wange darauf und schien dieses Buch zu bewundern und zu lieben. Ich habe nicht erlebt, daß sie in diesen wenigen Minuten abschweifte oder etwas anderes tun wollte.

Vielleicht denken Sie jetzt: „Ist das Ganze nicht zu

massiv? Werden die Kinder dadurch nicht manipuliert?"

Dann halten Sie sich vor Augen: Wenn Sie Ihren Kindern nicht Eindrücke weitergeben und sie damit prägen, werden es andere tun — lernbegierig sind sie so oder so! Die ersten Lebensjahre sollten Sie nicht nutzlos verstreichen lassen.

Und zu guten Christen können wir sie ohnehin nicht programmieren, auch wenn durch diese Art der Unterweisung viele geistliche Schätze in die „kindliche Kornkammer" getragen werden. Aber wir haben die Chance, den Boden gut zu bereiten und sie von Anfang an mit den richtigen „Werkzeuge des Denkens und Handelns" auszustatten, mit denen sie als Jugendliche ihr Leben eigenverantwortlich gestalten werden.

In Matthäus 13,3ff sagt Jesus, es sei unsere Aufgabe, den Samen des Wortes Gottes auszustreuen. Die besten Ergebnisse werden bekanntlich erzielt, wenn guter Same in guten Boden gesät wird.

Die weiche, offene Seele eines Kleinkindes ist solch ein guter Boden. Welch ein Vorrecht ist es, Gottes Wort, seine Liebe und seinen Plan für das kleine Leben in diesen Herzensboden hineinzusäen!

Andachten mit Kindern im Vorschulalter

Vor einigen Jahren nahmen wir als jungbekehrte Christen mit unseren Kindern an einer Familienfreizeit von „Neues Leben — Neue Familien" teil und hörten zum ersten Mal, daß man in einer Familie Andachten halten sollte. Insbesondere beeindruckte mich der Gedanke, daß ich als Vater und Haupt der Familie die Verantwortung dafür zu tragen hätte.

Aber zunächst einmal setzte mich die Erwartung gehörig unter Druck, weil ich absolut keine Vorstellung hatte, wie ich das bewerkstelligen sollte. Woher auch, hatte ich so etwas in meiner Familie doch nie erlebt! So machten wir am Anfang viele negative Erfahrungen. War das schwer, diese Zeit mit den Kindern durchzuziehen: „Setzt euch endlich hin! Seid jetzt still! Bleibt doch sitzen! Jetzt wird gebetet!" Die „Sitzungen" liefen unter Streß ab und verärgerten Eltern und Kinder. Hörten meine Kleinen das Wort „Familienandacht", maulten sie und zogen ein langes Gesicht.

Hinzu kam, daß Gloria mich bedrängte: „Mach endlich was mit den Kindern. Du hast doch schließlich die Verantwortung dafür!"

Das bewirkte, daß ich noch lustloser und liebloser an diese Aufgabe heranging.

Schließlich sahen wir beide ein: So darf es einfach

nicht laufen. Wir grübelten, wie man Kinder für eine so wichtige Sache wie Familienandachten begeistern kann. Auf keinen Fall wollten wir weiterhin Druck ausüben: Von einem lieben Gott zu reden und dabei selbst wie ein Griesgram auszuschauen und auch noch Kinder anzubrüllen, das durfte nicht sein.

Wir benötigten einige Monate, um unseren eigenen Stil zu finden, einen Stil, der auch dem Alter und dem Temperament unserer Kinder entsprach. Jan mit seinen sechs Jahren zum Beispiel macht gern Lärm und bastelt mit Begeisterung. Die vierjährige Sarah dagegen hockt gern still bei uns, lauscht unseren Erzählungen oder tanzt zu unseren Liedern. Tja, und dann unser kleiner David — wie bändigt man nur einen quirligen Zweijährigen?

So machten wir für einige Wochen einfach Pause mit unseren „Schreckandachten" und begannen, Instrumente zu basteln, mit denen man schön Musik machen kann. Wir nahmen Joghurtbecher, taten Sand und kleine Steine hinein und klebten sie zu. Herrlich, wie es beim Schütteln rasselte! Dann sammelten wir Kronenkorken, bohrten Löcher und befestigten mit einem Nagel je zwei an einem Stecken. Das ergab ein wunderbares Instrument zum Rhythmushalten. Bei diesen Dingen war Jan in seinem Element. Auf Sarah gingen wir ein, indem wir beim Erproben der Instrumente sangen und tanzten. Und schon kam Begeisterung auf.

Damit hatten wir unsere erste Lektion gelernt: Man sollte Kinder nicht zu Andachten zwingen und jedem Kind die Freiheit einräumen, sich auszudrücken, wie es ihm liegt.

Neu ermutigt beteten wir um Ideen, wie wir unseren Kindern die biblischen Geschichten besser als früher beibringen könnten. Kurze Zeit später beobachteten wir, wie sie begeistert mit Playmobil-Figuren spielten. Wieder ging uns ein Licht auf! War das ein Spaß, die „Hochzeit von Kana" oder „Jesus auf dem See Genezareth" mit diesen Figuren zu spielen! Die Kinder wollten gar nicht aufhören!

Ein anderes Mal kramten wir unser Kasperletheater vor. Kinder haben ja so viel Phantasie: Einmal kann dieselbe Figur Petrus und ein anderes Mal Zachäus darstellen!

Dann dauerte es nicht lange, und die Kinder verkleideten sich und spielten uns die biblischen Geschichten vor.

Daran erkannten wir: Biblische Geschichten sollte man nicht nur vorlesen, sie müssen unbedingt kindgemäß veranschaulicht werden.

Das kann man mit ganz alltäglichen Dingen tun. Bei „der Speisung der 5000" stellten wir die entsprechende Menge Brot auf den Tisch und schnitten zwei Fische aus Pappe aus. Bei der Geschichte von der „Heilung eines Blinden" banden wir Sarah und Jan ein Tuch um die Augen. Als wir an die Stelle kamen, an der Jesus den Blinden heilte, nahmen wir es ihnen ab. Plötzlich wurde es für sie blendend hell, und sie konnten so richtig nachempfinden, was es für den Bartimäus bedeutet haben muß, endlich sehen zu können.

Oder, ich denke an den Psalm 91: „Wer unter dem Schirm des Höchsten wohnt ..." Da spannten wir einen Regenschirm auf und hockten uns darunter, um Gottes Schutz darzustellen.

Wollten wir die Geborgenheit in Gott umschreiben, hüllten wir unsere Kinder in warme Decken, damit sie dies richtig körperlich spüren konnten. So steht es doch auch in Psalm 139, Vers 5: „Von hinten und vorn hast du mich umschlossen, du hast deine Hand auf mich gelegt."

Nicht nur die Begeisterung der Kinder, auch unsere eigene wuchs. Es machte uns riesige Freude, Gottes Wort zu veranschaulichen und spielerisch und körperlich auszudrücken. Vor allem verstanden wir selbst die Gedanken der Bibel noch besser, so daß unsere Liebe zu Jesus und unsere Hingabe an ihn zunahmen.

Wir merkten, daß wir von manchen Dingen viel besser auf unseren Spaziergängen im Freien erzählen konnten als im Wohnzimmer. „Die Schöpfung der Erde", „Glaube kann Berge versetzen" oder „Wie der Weg zum Vater führt" lauteten zum Beispiel die Themen, während wir einen Wanderweg entlangstiefelten.

Oder ich sagte den Kindern: „Seht mal den Baum dort am Bach. Wißt ihr, warum er so groß ist und so schöne grüne Blätter hat?" „Richtig, weil er am Wasser steht!" „So ist es auch mit uns, wenn wir uns nahe bei Jesus halten und auf Gott vertrauen." Das steht in Jeremia 17, Vers 7-8: „Gesegnet der Mann, der auf den Herrn vertraut und dessen Vertrauen der Herr ist! Er wird sein wie ein Baum, der am Wasser gepflanzt ist und am Bach seine Wurzeln ausstreckt und sich nicht fürchtet, wenn die Hitze kommt. Sein Laub ist grün, im Jahr der Dürre ist er unbekümmert, und er hört nicht auf, Frucht zu tragen."

Sie können Ihre Kinder auch auf einen Felsen hinweisen oder ihnen eine Burg zeigen und erklären: „Mit Jesus zu leben ist unerschütterlich, wie auf einem gewaltigen Fels zu stehen oder wie in einer festen Burg geschützt zu sein."

Bestaunen wir nach dem Ende eines Regengusses den wunderschönen Regenbogen, verpassen wir nicht, begeistert von dem Bund Gottes mit Noah zu erzählen und zu betonen, daß Gott den Menschen mit diesem Regenbogen für alle Zeiten zeigen möchte, daß er uns nahe ist und durch Jesus helfen will.

Gerade wenn ich daran denke, daß das biblische Symbol des Regenbogens von den New-Age-Anhängern für ihre Selbsterlösungstheorie mißbraucht wird, müssen wir unseren Kindern rechtzeitig die wahre Bedeutung mitgeben. Wie viele Kinder in unserer Gesellschaft bewundern einen Regenbogen und summen dabei die Melodien der

New-Age-Kassetten von „Regina Regenbogen"? Womöglich halten sie auch noch Ausschau, ob vielleicht das Pferd „Sternschnuppe" den Bogen heruntergaloppiert kommt!

Es gibt so viele Dinge in Ihrer unmittelbaren Umgebung, die Sie als Anlaß nehmen können, Ihre Kinder ganz natürlich und zwanglos auf Gottes Gegenwart und Wirken hinzuweisen.

*

Nachdem es uns gelungen war, unseren Kindern biblische Unterweisung so praktisch und begeisternd nahezubringen, änderte sich auch ihre Haltung Andachten gegenüber. Plötzlich war es schön, zusammenzusitzen, biblische Geschichten kennenzulernen, auf Gott zu hören und mit ihm zu sprechen.

Für uns hatte es zunächst einmal bedeutet, alles „Andachten-machen- Müssen" loszulassen und uns einfach darauf zu besinnen, wie Gott mit uns umgeht. Er setzt uns nämlich auch nicht unter Druck, sondern er will, daß wir freiwillig zu ihm kommen.

Ich möchte ein Beispiel erzählen, das zeigt, wie wichtig unseren Kindern Andachten geworden sind. Jan war über das Wochenende bei Bekannten. Als er wieder zurückkam, war seine erste Frage: „Papa, sind das keine Christen? Die haben morgens gar keine Andacht gemacht!" Er bestand darauf, sofort eine Andacht zu machen. So sehr muß sie ihm gefehlt haben.

Ein wichtiger Teil einer Familienandacht ist das Gebet, und dazu haben wir auch sehr viel lernen müssen. Ganz zu Beginn sah es so aus: Ich betete, und die Kinder machten Lärm, plapperten oder spielten herum, so daß ich mich ärgerte und beinahe aus der Haut fuhr.

Wir fragten uns: Warum können die Kinder nicht bei der Sache bleiben? Warum können sie nicht mitbeten?

Uns war ziemlich schnell klar: Es mußte daran liegen, daß ihnen nichts Konkretes vor Augen stand. Sie konnten uns in ihrer Vorstellung nicht folgen.

Also verschaffte ich ihnen folgenden Anreiz: Ich besorgte eine weiße Resopal-Platte, wie man sie auch als Arbeitsfläche verwendet, und baute daraus eine Tafel. Dann fragte ich: „Wofür beten wir heute?" Die Wünsche skizzierte ich nacheinander mit einem Bild, und jeder, der dafür gebetet hatte, durfte sein Symbol abwischen — als Zeichen, daß es jetzt bei Gott gut aufgehoben war und wir uns keine Sorgen mehr zu machen brauchten. Schon war das Problem der Unaufmerksamkeit gelöst.

Einige Zeit später besuchten wir meine Großmutter. Sie war sehr krank, und ich hatte es auf dem Herzen, mit ihr über den Glauben zu reden und mit ihr zu beten. Als wir mit ihr zusammensaßen, spürte ich, daß es für sie recht schwer war, sich vor allen zu öffnen. So schickte ich meine Familie spazieren, damit ich allein mit ihr sprechen konnte. Sie fing gleich an zu weinen, und ich fragte: „Du, Oma, darf ich für dich beten"? Sofort stimmte sie zu. In dem Moment ging die Tür auf, und Jan schlüpfte herein. Wir schauten peinlich berührt auf. „Jan, ich möchte gerade mit der Oma beten", sagte ich mit der unausgesprochenen Forderung, daß er wieder hinausgehen solle. Aber seine spontane Reaktion war: „Au, ja, da bete ich gleich mit." Schon setzte er sich an ihre andere Seite, jeder von uns hielt eine ihrer Hände, und wir beteten.

Geht es um Gebet und Glauben, sind Kinder wesentlich natürlicher und unkomplizierter als wir Erwachsenen. Das sollten wir ihnen unbedingt erhalten. Für uns ist es beeindruckend, ja beinahe beneidenswert, mit welch einem Vertrauen sie sich für alles Mögliche an Gott wenden. Am Anfang waren wir geneigt zu sagen: „Dafür kannst du doch nicht beten!" Aber dann haben wir doch den Mund gehalten und von den Kindern gelernt, wie man vertrauensvoll betet.

Eines Morgens regnete es in Strömen, dabei hatten wir vor, einen Ausflug zu machen. Perplex saßen wir am Frühstückstisch. Und was spricht unsere kleine Sarah? „Herr Jesus, danke, daß die Sonne scheinen wird."

„Wie kann man nur so beten?" schoß es mir durch den Kopf. Ich blieb jedoch still. Einige Stunden später kam tatsächlich die Sonne durch, und wir konnten unseren Ausflug machen.

Eine andere Erfahrung: Jan kam vom Kindergarten heim und erzählte begeistert, er habe einen neuen Freund gefunden, den er gleich am Nachmittag besuchen wolle. Ich kannte den Jungen nicht, wußte noch nicht einmal, wo er wohnte, und verbot es kurzerhand. Jans Reaktion war beeindruckend. Er nörgelte nicht, er schimpfte nicht, aber als er zum Mittagsschläfchen im Bett lag, hörte ich ihn im Hinausgehen flüstern: „Herr Jesus, bitte mach', daß ich heute nachmittag zu Michael kann." Und sein Gebet wurde erhört.

*

Regelmäßige Andachten, die den Kindern die Liebe, die Hilfe und die Nähe Gottes in die Herzen pflanzen, und Gebetserfahrungen, die wir als Familie machen, verhelfen den Kindern zum eigenständigen Leben mit Jesus.

Wir sitzen am Frühstückstisch, und Sarah erzählt: „Heute nacht habe ich einen ganz bösen Traum gehabt. Ich habe nach euch geschrien und geschrien, aber ihr seid einfach nicht aufgewacht. Dann ist der Jan gekommen und hat für mich gebetet. Die Angst ist weggegangen, und ich konnte wieder einschlafen!"

Zur Zeit ist es den Kindern ganz wichtig zu lernen, wie man nun wirklich Gottes Stimme hören kann. Beiläufig hatten wir erzählt, daß Gott auch zu uns spricht und wir seine Stimme hören können. Das begeistert Sarah. Jedesmal wenn wir beten — abends vor dem Einschlafen oder auch nur am Tisch — schaut sie uns hinterher forschend an: „Mama, was hat Gott zu dir gesagt?"

Das ist eine ganz schöne Herausforderung für uns, Gebet wirklich ernst zu nehmen und zu erwarten, daß Gott spricht. Sie weiß jetzt, daß Gott durch ihr Gewissen spricht und durch die Gedanken und daß der Teufel böse Gedanken eingeben kann.

Nun noch eine Erfahrung mit David, unserem Jüngsten. Auch wenn er sich nicht so lange konzentrieren kann wie seine Geschwister, er bekommt die Dinge Gottes genauso mit. Neulich, an seinem zweiten Geburtstag, bringe ich ihn ins Bett, segne ihn und stelle ihn unter den Schutz Gottes. Etwa eine Stunde später ruft er ganz aufgeregt nach mir: „Papa, Papa, Engel gesehen, Engel gesehen, haben Musik gemacht, und Jesus war dabei!"

Warum soll ich bezweifeln, daß er es so erlebt hat? Vielleicht hat Gott ihn wirklich ein Stückchen hineinsehen lassen in seine unsichtbare Welt. Jedenfalls erzählte er auch später immer wieder davon.

Uns ist ganz wichtig geworden, daß sich biblische Unterweisung nicht nur auf Geschichtenerzählen beschränkt, sondern daß wir gemeinsam erleben: Jesus ist genauso erfahrbar wie damals. Diese Gewißheit brauchen kleine Kinder und erst recht größere. Wenn sie dann mit dem New-Age-Gedankengut und den unheimlichen, okkulten Praktiken der Klassenkameraden konfrontiert werden, können wir darauf bauen, daß sie die Abenteuer mit Jesus wesentlich interessanter finden.

Biblische Geschichten lesen und erzählen

Wollen Sie mit Ihren Kindern biblische Geschichten lesen, müssen Sie zunächst einmal eine Kinderbibel auswählen. Das fällt nicht leicht, denn inzwischen gibt es schon recht viele auf dem Buchmarkt. Auswahlkriterien für Sie sollten Bibeltreue sowie kindgemäße Sprache, Bildgestaltung und auch Haltbarkeit sein. Ein weiteres Kriterium ist natürlich, was Ihrem Kind gefällt; schließlich soll die Bibel ja nicht für Sie sein.

Mit zwei Kinderbibeln haben wir recht gute Erfahrungen gemacht: die eine ist von Anne de Vries, „Die Kinderbibel" genannt (Friedrich Bahn Verlag), die zweite von Evert Kuit, „Der Herr ist mein Hirte" (Brockhaus Verlag).

Die erstgenannte ist schon für Vorschulkinder geeignet, weil der biblische Text sehr schön erzählt wird. Die zweite Kinderbibel hält sich stärker an den biblischen Wortlaut. Ihr Vorteil ist, daß zu jeder Geschichte Fragen gestellt werden, die Eltern und Kinder miteinander durchgehen können. Die Bilder sind in sehr ansprechenden Aquarellen gestaltet.

Die Folgebibel auf die bebilderten Kinderbibeln kann dann die „Gute Nachricht" oder das Neue Testament „Hoffnung für alle" sein. Die erste ist eine Übertragung des Urtextes, die zweite eine Übersetzung in das heutige, moderne Deutsch. Soll ein Grundschulkind seine erste eigene Bibel bekommen, dann würde ich mich für „Hoffnung für alle" entscheiden. Den einzigen Nachteil sehe ich darin, daß man beim Auswendiglernen von Bibelversen in Schwierigkeiten kommen kann, da sie meist nach dem Wortlaut der klassischen Bibeln — wie Luther-Bibel oder Elberfelder Bibel — gelernt werden. Der guten Lesbarkeit des Textes würde ich bei diesem Konflikt den Vorrang einräumen.

Jetzt haben Sie aber endlich die passende Familienbibel gefunden und lesen miteinander. Am besten jeden Tag ein Stück. Um sich vor Routine zu bewahren, müssen Sie sich etwas einfallen lassen, die Kinder einzubeziehen. Günstig ist, wenn man ein Kind links und ein Kind rechts sitzen hat; gibt es noch ein drittes, findet es auf dem Schoß Platz. Familienandachten und Kuscheln gehören einfach zusammen; das ist ein gutes Bild für die Geborgenheit, die wir bei Gott finden. Die Kinder können dabei die Bilder studieren oder auch mitlesen, soweit sie es vermögen.

Versuchen Sie ruhig einmal, Ihre Kinder beim Vorlesen „aufs Glatteis zu führen". Das geht besonders gut bei Geschichten, die ihnen schon vertraut sind. Sie "lesen", ganz im Stil des Textes, einfach weiter, wie es dort gar nicht steht. Plötzlich sind die Kinder hellwach und protestieren: „Papa, das stimmt nicht. So steht es doch gar nicht in der Bibel!"

Biblische Geschichten zu erzählen, kann noch viel aufregender werden, als sie vorzulesen. Dabei kann man nämlich Kinder wunderbar einbeziehen. Vielleicht trauen Sie sich das zunächst noch nicht

... und dann ist Moses zu David gegangen und hat gesagt: gib sofort das Jesuskind heraus!!!

zu, aber wagen sollten Sie es einmal. Meine Anregungen werden Ihnen sicherlich Mut machen.

In einer christlichen Familie ist zum Beispiel die Weihnachtsgeschichte den Kindern schon so vertraut, daß sie gar nicht mehr richtig zuhören, wenn man sie inmitten der Berge von Geschenken feierlich vorliest. Ich habe beim Vorlesen an bestimmten Punkten einfach innegehalten und den Kindern spontan Rollen übertragen. An der Stelle, an der Josef und Maria ergebnislos eine Herberge suchen, habe ich den Björn gefragt: „Der Josef war bestimmt ganz schön sauer. Was, meinst du, hat er wohl zu Maria gesagt?" Da mußte sich Björn schnell etwas ausdenken. Dann habe ich mich an Karen gewandt: „Was mag Maria wohl geantwortet haben?" Zwischendurch habe ich die Geschichte wieder weitererzählt, aber dann wieder Fragen gestellt: „Seht mal, der Oberhirte auf dem Feld, der war total erschrocken. Wie hat er jetzt wohl reagiert?" Plötzlich waren die Kinder ganz bei der Sache, obwohl sie doch die Geschichte schon so gut kannten.

Es gibt viele biblische Geschichten, die man ähnlich zu einem Familiengespräch ausgestalten kann. Natürlich muß man aufpassen, daß es nicht ausufert, man vielleicht zuviel Wert auf Nebensächlichkeiten legt und die Botschaft verfärbt. Aber besonders bei Geschichten, mit denen die Kleinen schon vom Kindergottesdienst übersättigt sind, eignet sich dieser Weg. Die Kinder werden in das Geschehen hineingenommen, sie identifizieren sich mit einer bestimmten Person, hinterfragen ein Geschehen und bekommen so einen neuen, frischen Zugang zum biblischen Text.

Ich gebe zum Beispiel gern Anregungen aus der

Sicht von Personen, die im Text nur nebenbei erwähnt werden, aber doch beteiligt sind, wie etwa die Schwiegermutter des Petrus: Petrus kommt nach Hause und bringt nur wenige Fische mit. Die Schwiegermutter ist aufgebracht und meint, Petrus hätte den ganzen Tag gefaulenzt. Und dann erzählt Petrus, was er am See mit Jesus erlebt hat.

Eine andere Möglichkeit ist, aus der Sicht von beteiligten Kindern zu erzählen. Um Jesus herum waren immer viele Kinder. Kinder sprechen Kinder an! Versetzen Sie sich einmal in die Lage des Jungen, der zwei Fische und fünf Brote in seinem Korb hat und die Speisung der 5000 miterlebt ...

Wollen Sie die biblischen Geschichten richtig „verstecken" und dann vielleicht „suchen" lassen, worum es sich handelt, dann erzählen Sie aus der Sicht eines Tieres: zum Beispiel die Speisung der 5000 mit den Worten einer Heuschrecke, die im Gras herumhopst und sich vor herunterprasselnden Krümeln gar nicht retten kann. Dazu gehört schon etwas Phantasie, aber Kinder lieben das. Haben Sie sich erst einmal darauf eingelassen, dann müssen Sie die gleichen Geschichten immer wieder erzählen.

Ich habe einmal die Geschichte des Elias (1. Könige 17) aus der Sicht einer Rabenfamilie geschildert: Vater Rabe findet kein Futter mehr für seine Rabenkinder, die erschöpft im Nest hocken. So erleben die Tiere die Dürrezeit, die das Volk durchstehen muß, auf ihre Art mit. Und eines Tages kommt Vater Rabe frohlockend mit Brot im Schnabel zu seinen Jungen geflogen und erzählt aufgeregt, was er erlebt hat: „Stellt euch vor, ein großer, weißer Vogel hat mir den Auftrag gegeben, so einem komischen Mann, der sich an einem Bach versteckt, jeden Morgen und Abend Brot und Fleisch zu bringen. Das muß ein ganz besonderer Mann sein ..."

Und dann beobachtet er Elia jeden Tag und erzählt seinen Rabenkindern die Wunder, die Elia in Gottes Auftrag tut.

Immer mal etwas Neues: Verschiedene Andachtsformen

Beginnen Sie erst einmal, regelmäßig Familienandachten zu halten, werden Sie bald feststellen, daß Sie immer einmal wieder die Methode ändern müssen. Unweigerlich werden sich Routine und Langeweile einschleichen, wenn Sie monatelang nach dem gleichen Muster verfahren. Welche Möglichkeiten der Abwechslung bieten sich an?

Mit den meisten Andachtsbüchern, die es auf dem christlichen Büchermarkt gibt, bin ich nicht zufrieden. Wahllos biblische Geschichten erzählen, vermengt mit kindlichen Anekdoten, entspricht einfach nicht dem Maßstab eines gezielten geistlichen Trainings. Die Reaktion Ihrer Kinder wird Ihnen ebenfalls schnell zeigen, ob Sie mit einem Andachtsbuch etwas anfangen können oder nicht.

Das Wochenandachtsbuch von Rina Ben Ari, „Dinge, die von oben kommen" (Verlag der Francke-Buchhandlung), möchte ich empfehlen. Die Themen, zum Beispiel „Geben oder Nehmen", „Fröhlich sein", „Ein neuer Tag", „Leid", „Haustiere" u.a. nehmen Bezug auf die Alltagssituationen der Kinder. Dadurch kommen sie selbst zu Wort, berichten von ihren Erfahrungen, stellen Fragen und geben Antworten. Die entsprechenden Bibelstellen werden an den verschiedenen Wochentagen gelesen und besprochen, und das Wochenthema wird durch einen Lied- und einen Gebetsvorschlag abgerundet. Da nicht täglich ein gewisses Pensum vorgegeben wird, haben Eltern Spielraum, die Andachten der Reife der Kinder angemessen zu gestalten. Mit diesem Buch können Sie bei Kindern ab vier Jahren beginnen.

Darüber hinaus möchte ich auf die Veröffentlichungen des Bibellesebundes (Postfach 1129, 5277 Marienheide) hinweisen. Er versendet Bibellesehilfen, die nach den verschiedenen Altersstufen gegliedert sind. Da gibt es die „Ersten Schritte mit der Bibel" für die Erst- und Zweitkläßler. Zusammen mit den Eltern gehen sie diese kleinen Lektionen durch und haben die Aufgabe, Bilder auszumalen, Worte zu Ende zu schreiben und Lückentexte auszufüllen. Eine gelungene Möglichkeit, das Interesse von Kindern aufrechtzuerhalten und Inhalte zu wiederholen. Gerade Grundschulkinder gehen mit Begeisterung an diese Hefte heran. Für die 9-13jährigen gilt der „Gute Start", ab 14 Jahre geht es mit „Geradeaus" weiter, und für junge Erwachsene ab 17 Jahre gilt das „Profil". Diese Hefte werden vierteljährlich versendet. Den „Guten Start" gibt es inzwischen auch gebunden als Jahresbibellese. Anhand dieser täglichen Bibellesepläne wird altersgemäß im Laufe von einigen Jahren die ganze Bibel schwerpunktmäßig durchgegangen. Die Erklärungen werden ergänzt durch Rätsel, Geschichten, Bilder zum Ausmalen, Bastelanleitungen, Spiele und mehr.

Gehören Sie zu den „Anfängern", die die ersten Familienandachten wagen wollen, dann sind diese empfohlenen Bibellesepläne wohl genau das richtige. Allerdings werden Sie gleich in ein strammes Programm hineingenommen, da von Ihnen erwartet wird, täglich in der Bibel zu arbeiten, und es ist immer unangenehm, wenn man den Anschluß verpaßt.

In meiner Familie habe ich sehr gute Erfahrungen mit den Heften des Bibellesebundes gemacht. Trotzdem habe ich beobachtet, daß es langweilig werden kann, jahraus, jahrein damit zu arbeiten. Zwischendurch muß immer wieder eine Abwechslung kommen.

Ich möchte Ihnen einige Möglichkeiten nennen, wie Sie hin und wieder frischen Wind in Ihre Familienandachten bringen können:

Losungen der Herrnhuter Brüder

Es ist eine gute Gepflogenheit, morgens aus diesem Losungsbuch den täglich vorgegebenen Bibelvers zu lesen, darüber nachzudenken und zu sprechen. Aber Vorsicht: Wer auf diese Art monatelang seine Andachten gestalten will, lebt meiner Ansicht nach auf „geistlichem Sparkurs"!

Fortlaufend in der Bibel lesen

Geben Sie Ihren Kindern eine flüssig lesbare Bibelübersetzung in die Hand, zum Beispiel „Hoffnung für alle" oder „Die gute Nachricht", dann werden sie merken, wie spannend und interessant es sein kann, fortlaufend ein biblisches Buch durchzulesen. Es ist ohnehin wichtig, nicht nur einzelne Geschichten oder gar einzelne Verse isoliert herauszupicken, sondern von Zeit zu Zeit ein ganzes, biblisches Buch zu erarbeiten. Wir haben uns beispielsweise das kurze Markus-Evangelium vorgenommen und so Einblick in das Leben Jesu bekommen, uns danach die spannende Apostelgeschichte vorgeknöpft und sind dann auf einige kurze Briefe gestoßen, wie den Timotheus-Brief, den Epheser- oder den Jakobus-Brief.

Den Kindergottesdienst bzw. die Predigt durchsprechen.

Was halten Sie davon, über den Text des Kindergottesdienstes oder der Predigt des Sonntagvormittags zu sprechen? Es ist interessant, von anderen zu erfahren, was sie gut bzw. unverständlich fanden, und für alle hilfreich, die Predigt noch einmal durchzugehen.

Darüber hinaus ist diese regelmäßige Aussprache eine Motivation, am Sonntagvormittag gut aufzupassen. Am nächsten Morgen wird ja schließlich in der Familienrunde darüber gesprochen.

Traktate durcharbeiten

Ich habe entdeckt, daß sich mit Traktaten sehr gut Familienandachten gestalten lassen. Sie sind kurz gefaßt, klar gegliedert und bringen immer wieder die Grundwahrheiten des christlichen Glaubens. Plündern Sie ruhig einmal den Büchertisch Ihrer Gemeinde, oder lassen Sie sich von einer Missionsgesellschaft welche zuschicken, etwa das Traktat „Was geschieht, wenn ein Christ sündigt?". Sie werden fast eine Woche lang zu tun haben, dieses Heft Schritt für Schritt durchzuarbeiten. Oder die „Vier geistlichen Gesetze" oder „Was wir glauben und warum wir es glauben". Selbst ein christlicher Kindercomic bietet sich an. Das Durcharbeiten dieser Hefte bringt eine wunderbare Abwechslung in Ihre Familienandachten, und Sie merken: „Hier bekommen meine Kinder wirklich feste geistliche Nahrung".

Kinder halten selbst eine Andacht

Haben Sie schon einmal daran gedacht, Ihr Kind aufzufordern, selbst eine Andacht zu halten? Sie werden erstaunt sein, was Kinder alles so denken und aussprechen. Wir machen es von Zeit zu Zeit, aber immer nur für einige Wochen, denn sonst geht ihnen die Puste aus. Da bei uns jedes Schulkind einmal in der Woche Küchendienst hat, bekommt es an diesem Tag die Aufgabe, eine kleine Familien-

andacht zu gestalten. Berücksichtigen Sie bitte, daß Kinder unterschiedlich sind: das eine tut sich ganz leicht und sprudelt die biblischen Gedanken heraus, ein anderes ist zurückhaltender und zögerlicher. Auf jeden Fall ist es eine großartige Herausforderung. Ich war immer wieder erstaunt, welche gut durchdachten biblischen Gedanken Kinder äußern und wie eifrig sie in Ihrer Bibel blättern, um einen passenden Text zu finden.

Dabei können Sie auch lustige Szenen erleben. Einmal war unser Harald an der Reihe mit einer Morgenandacht und las einen schwerverständlichen Bibelvers aus dem Alten Testament. Ich schüttelte den Kopf und fragte: „Oh, Junge, was willst du dazu sagen?"„Ach, Papa", strahlte er mich an, „ich habe halt einen Bibelvers gesucht, und der war in Mamas Bibel unterstrichen. Dann muß er ja wichtig sein!"

Bibelverse gemeinsam auswendig lernen

Es ist sehr wertvoll, wenn Eltern und Kinder sich gemeinsam einen Schatz an auswendig gelernten Bibelversen aneignen. Die Betonung liegt auf dem gemeinsamen Lernen, nicht darauf, daß Sie nur Ihren Kindern diese Aufgabe übertragen. Manche Gemeinden setzen für Ihre Kinderarbeit Wochenverse ein. Das ist eine gute Gelegenheit, täglich zusätzlich zur Andacht den Wochenbibelvers aufzusagen und so ganz nebenbei Tag für Tag auswendig zu lernen.

Darüber hinaus gibt es so viele wichtige Verse, die Sie gemeinsam lernen sollten. Wir haben meistens einen Urlaub als intensive gemeinsame Lernzeit genutzt. Einmal waren wir über Silvester für eine Woche im Bayrischen Wald, und ich hatte schon zu Hause Bibelverse zum gemeinsamen Auswendiglernen herausgesucht: Sprüche 6,16-19; Psalm 23; Johannes 3,16; Johannes 14,6; Galater 5,22 und Psalm 119,9-11.

Sie sehen, das war ein ganz schönes Pensum. Claudia und ich merkten, daß es gar nicht so einfach war, diese Verse auswendig zu lernen und zu behalten. Was waren wir erstaunt, wie eifrig unsere

Kinder die Köpfe zusammensteckten und sich gegenseitig die Verse abfragten! Ich muß allerdings verraten, daß ich einen in den Augen der Kinder großartigen Preis als Belohnung für das Aufsagen aller Verse versprach: einen gemeinsamen Gang zu „Mac Donald's". Die jüngeren Kinder brauchten manche Verse nur teilweise zu lernen, so daß das verlockende Ziel auch für sie erreichbar war.

Wir gingen diese Verse täglich durch, sprachen über die Bedeutung und lernten sie auswendig. Dann kam der große, letzte Tag, an dem Eltern und Kinder sich die Verse aufsagten. Wie war ich froh, es ohne Stocken zu schaffen, wie staunte ich über meine Kinder! Den Vogel schoß unser 9jähriger Chris ab. Stämmig baute er sich vor uns auf und begann zu zitieren: „Ich bin der Weg, die Wahrheit und das Leben. Niemand kommt zum Vater außer ... niemand kommt zum Vater ... niemand kommt zum Vater außer ich!" Alle rollten sich vor Lachen unter dem Tisch. Verdattert blickte er uns an und wußte gar nicht, was den Lacherfolg hervorgerufen hatte.

Monate, ja Jahre später erinnerten wir uns noch an diesen schönen Urlaub und versuchten, uns die damals gelernten Bibelverse in Erinnerung zu rufen. Es klappte tatsächlich. Selbst Jahre später kann man einmal gelernte Bibelverse mit gegenseitiger Ermutigung wieder in sein Gedächtnis zurückrufen. Welch ein wichtiger Schatz für das ganze Leben!

Freie Andacht der Eltern

Wenn Sie schon Ihre Kinder auffordern, eine Andacht zu gestalten, dann sollten Sie selbst diese Herausforderung ebenfalls annehmen. Es gibt so viele aktuelle Ereignisse, die ein Andachtsbuch gar nicht berücksichtigen kann: Da ist eine Hochzeit in der Verwandtschaft und für Sie die wunderbare

Gelegenheit, einige Verse aus der Bibel herauszukramen, die etwas zur Ehe sagen. Da ist jemand krank in der Familie, Sie haben gebetet und der Kranke wurde gesund. Jetzt sollten Sie einige Bibelverse über göttliche Heilung lesen. Oder da ist dicke Luft: Es ist etwas gestohlen worden oder Geschwister streiten sich. Auch dann ist es wichtig, die Bibel zu Rate zu ziehen, was sie zum Lügen, zum Stehlen oder zum Streiten zu sagen hat. Es gibt noch viele andere Themen, die Sie als Mutter oder Vater wesentlich schneller und aktueller erfassen können als jedes Andachtsbuch. Schließlich kennen Sie ja Ihre „Pappenheimer" und wissen, was gerade vorfällt und wie es um deren persönliche Reife steht.

Ich halte es so: In meiner Bibel liegt ein Extrablatt, und jedes Mal, wenn ich beim Hören einer Predigt, beim Lesen eines Buches oder beim persönlichen Bibelstudium auf einen Textzusammenhang stoße, von dem ich meine, er träfe die Situation meiner Familie, notiere ich ihn kurz und schaffe mir so mit der Zeit eine aktuelle Sammlung an kindgemäßen biblischen Zusammenhängen. Im nächsten Kapitel gebe ich Ihnen davon eine Kostprobe.

Noch einmal: Andachten, die täglich im gleichen Stil verlaufen, führen schließlich zu Unaufmerksamkeit und Langeweile. Sie können sich im wesentlichen an ein Andachtsbuch halten, sollten aber darüber hinaus alle paar Wochen eine Abwechslung und Auffrischung bringen mit einer der Möglichkeiten, die ich aufgeführt habe.

Ganz gleich, wie Sie nun Ihre Andachten gestalten, ich meine, daß stets folgende drei Bereiche erfaßt werden sollten: zum einen die Alltagsprobleme der Kinder in Familie, Schule und unter Schulkameraden! Lediglich biblische Geschichten erzählen oder Bibelverse auswendig lernen trifft den Alltag der Kinder nicht. Sie kennen diese Reibungspunkte doch selbst: Ungehorsam, Lügen, Stehlen, Unbeherrschtheit, Nicht-teilen-Wollen, Egoismus, Unversöhnlichkeit, Eingeschnapptsein, aber auch Ungerechtigkeit, Hilflosigkeit, Einsamkeit, Leistungsdruck und Angst.

Das sind Themen, mit denen sich Kinder herumschlagen. Wenn Sie sich nun eine Konkordanz zu Hilfe nehmen oder, noch besser, die „Thompson Studienbibel" und unter diesen Stichworten nachschlagen, dann finden Sie eine Fülle von biblischen Begebenheiten und Versen, mit denen Sie eine Familienandacht aufbauen können.

Ein zweiter Bereich, der unbedingt zur Sprache kommen muß: unbiblische Lehren rechtzeitig entlarven! Der gängige Religionsunterricht in den Schulen beruft sich zum Beispiel auf die historisch-kritische Methode und raubt den Kindern einen biblisch-gläubigen Bezug zu Gottes Wort. Hinzu kommt die gefährliche Experimentierfreude mit Magie und Okkultismus sowie der gesamte New-Age-Kult.

Sie müssen gesellschaftlichen Manipulationsbestrebungen zuvorkommen und Ihren Kindern natürlich und begeisternd den richtigen Weg weisen. Es ist gerade dieser aktuelle Bezug zum gesellschaftlichen Leben, den ich in Andachtsbüchern vermisse und den wachsame Eltern herstellen müssen.

Und einen dritten Bereich sollten Sie in Familienandachten berücksichtigen: Kinder zu Glaubensschritten herausfordern! Bibelstudium darf nicht Theorie bleiben, sondern muß Praxis werden. Es geht darum, Ihre Kinder zu einer Lebensübergabe zu führen, damit Sie gemeinsam Gott dienen und gemeinsam Wunder erleben. In späteren Kapiteln gehe ich auf diese Gedanken ein.

Wenn Sie also nach einem Andachtsbuch greifen oder selbst eine Andacht vorbereiten, achten Sie darauf, daß diese drei Aspekte berücksichtigt werden. Denn Sie gehören zu einem guten geistlichen Training unserer Kinder.

Bibelarbeiten mit Schulkindern

Andachten bzw. Bibelarbeiten mit Schulkindern sollten die Alltagsprobleme der Kinder in Familie, Schule und unter Spielkameraden erfassen. Sie müssen rechtzeitig unbiblische Lehren entlarven und Kinder zu Glaubensschritten herausfordern.

Da Kinder in einer christlichen Familie und einer lebendigen Gemeinde in der Regel die biblischen Geschichten schon recht gut kennen, ist es wichtig, ergänzend mit der Bibel zu arbeiten und Bibelverse zu gewissen Themen der Nachfolge kennenzulernen. Uns hat das immer recht viel Freude gemacht. Allerdings erfordert es von mir oder von Claudia doch eine gewisse Vorbereitung. Es ist schon eine Herausforderung, mit den Kindern Bibelarbeiten durchzuführen, und ohne Handwerkszeug geht es nicht.

Was Sie brauchen, ist eine gute Einführung in die Bibel. Auf dem Buchmarkt gibt es Kinderkonkordanzen und Lexika. Für Ihr Schulkind ist das Buch „Bibellesen für junge Entdecker" (Verlag der Francke-Buchhandlung) ideal. Für Sie kann das „Lexikon zur Bibel" von Rienecker eine gute Hilfe sein. Aus meinem Buch „Bausteine zum geistlichen Wachstum" (Stiwa-Verlag) habe ich auch sehr viele Anregungen für Kinderbibelarbeiten herausgenommen.

Die wertvollste Hilfe sehe ich in der „Thompson Studienbibel" (Hänssler-Verlag). Sie beinhaltet eine Einführung zu den einzelnen biblischen Büchern und eine Konkordanz mit dem sogenannten Kettensystem. Über 100 000 Bibelstellen zu thematischen Einheiten werden miteinander verbunden. Entsprechende Randvermerke führen Sie von einer Bibelstelle zur anderen durch die ganze Bibel. So können Sie sehr schnell zu einem bestimmten Stichwort die entsprechenden Bibelverse herausfinden und sie dann mit den Kindern durcharbeiten.

Sie sehen, zunächst einmal ist es für Sie eine persönliche Herausforderung zu einem eigenen Bibelstudium. Aber das wird Ihnen guttun und Sie selbst bibelfest machen.

Ich möchte Ihnen einmal Einblick geben in die Art, wie wir es praktizieren, und Sie dadurch inspirieren, es in ähnlicher Form zu beginnen: Jedes Kind hat ein Oktavheft, in dem sich im Laufe der Zeit die kleinen Bibelstudien sammeln. Unter einer Überschrift — zum Beispiel „Gottes Willen erkennen" — diktiere ich ihnen zwei oder drei Verse, die sie in ihrer Bibel nachschlagen und vorlesen. Es ist günstig, zum besseren Verständnis verschiedene Übersetzungen zu haben. Unklare Worte lasse ich von den älteren Kindern erklären. Dann tauschen wir uns über die Bedeutung aus und bemühen uns, einen Bezug zum Alltag zu finden. Zum Abschluß lasse ich die Kinder einen Merksatz formulieren, den sie in das Heft eintragen. Wenn es paßt, suchen wir noch einen Bibelvers heraus, den wir gemeinsam auswendig lernen.

Während der Schultage müssen diese Bibelstudien recht kurz gehalten werden, aber im Urlaub sitzen wir oft eine halbe Stunde und länger zusammen und sprechen angeregt über die biblischen Themen. Manchmal will ich abbrechen, die Kinder protestieren jedoch, und so machen wir weiter. Auch ein freies Wochenende oder ein schulfreier Tag sind eine gute Möglichkeit, intensiver in der Bibel zu arbeiten. Im folgenden möchte ich einige unserer Themen kurz skizzieren, ohne Anspruch auf Vollständigkeit zu erheben — lediglich, um Ihnen Einblick zu geben, wie auch Sie kleine Bibelarbeiten mit Ihren Kindern gestalten können.

Die Sprüche

Beginnen Sie doch einmal mit dem Buch der Sprüche. In den Sprüchen des Salomo im Alten Testament finden Sie eine Fülle christlich-moralischer und cthischer Prinzipien, die Kinder sehr gut verstehen. Nehmen Sie sich eine Einführung zu den Sprüchen — zum Beispiel aus „Bibellesen für junge Entdecker" —, und verschaffen Sie sich zusammen einen Überblick von der Gliederung der 31 Kapitel.

Gleich im ersten Kapitel lesen Sie die Zielsetzung dieses Buches: „Um anzunehmen Zucht mit Einsicht, dazu Gerechtigkeit, Recht und Aufrichtigkeit, um Einfältigen Klugheit zu geben, dem jungen Mann Erkenntnis und Besonnenheit" (Sprüche 1, 2-4).

Je nach Alter der Kinder nehmen Sie aus den einzelnen Kapiteln Verse heraus, nennen eine Überschrift und suchen Parallelstellen dazu. Das könnte in etwa so aussehen:

Familienleben: Eltern ehren	Sprüche 1,8 2. Mose 20,12 Sprüche 6,20 Sprüche 30,17 Epheser 6,1
Der Segen der Aufrichtigkeit	Sprüche 2,7 Sprüche 10,9
Auf Gott vertrauen	Sprüche 3,5-6 Jesaja 55,6-9
Der Segen des Zehnten	Sprüche 3,9-10 Maleachi 3,10 Lukas 6,38
Das Herz behüten	Sprüche 4,20-27
Gott kennt die Wege des Menschen	Sprüche 5,21 Hiob 34,21 Psalm 139,3 2. Chronik 16,9
Sechs Dinge, die dem Herrn verhaßt sind	Sprüche 6,16-19
Ehrfurcht vor Gott	Sprüche 8,13 Sprüche 1,7 Sprüche 14,27 Psalm 34,10-15
Armut und Fleiß	Sprüche 10,4 Sprüche 6,6-11 Sprüche 13,4
Die Lippen im Zaum halten	Sprüche 10,19 Sprüche 6,12 Sprüche 12,19-22

	Sprüche 18,20-22 Jakobus 3,5-12
Wahl des Freundeskreises	Sprüche 13,20 Psalm 119,63 Sprüche 22,24-25
Wer ist ein Freund?	Sprüche 17,17 Johannes 15,13
Streit	Sprüche 20,3 Sprüche 17,14 Sprüche 18,19 Sprüche 26,17
Neid und Eifersucht	Sprüche 24,1 Sprüche 14,30 Sprüche 23,17 1. Korinther 13,4 Galater 5,26
Geborgenheit mit Gott	Sprüche 28,1 Psalm 28,1 Psalm 91 Sprüche 3,24-26
Sünde bekennen und lassen	Sprüche 28,13 Jesaja 59,1-2 1. Johannes 1,9
Angst vor Menschen	Sprüche 29,25 Psalm 118,6 Jesaja 51,12

Die Bibel — Gottes Wort

In dem „normalen" Religionsunterricht ist nicht viel von einem biblisch orientierten, christlichen Glauben übriggeblieben. In der Regel müssen sich Ihre Kinder mit den Argumenten der „historisch-kritischen Methode" herumschlagen:

— Gott wird, wenn überhaupt, nur als Prinzip oder als Idee anerkannt, aber nicht als Persönlichkeit, vor der jeder Mensch einmal Rechenschaft ablegen muß.
Dem müssen Sie entgegenhalten:

Gott ist nicht eine bloße Idee oder sogar tot, sondern der Schöpfer des Lebens, vor dem jeder Mensch Rechenschaft ablegen muß.	Nehemia 9,6 Apostelgeschichte 14,15 2. Korinther 5,10 Römer 14,10-12

— Jesus ist der „wahre Mensch", ein „Revolutionär", jedoch nicht Gottes Sohn, der die Sünden der Welt trägt. Die Wunder sind Fabeln und nicht historische Berichte.
Dem müssen Sie entgegenhalten:

Jesus ist am Kreuz gestorben und auferstanden; er ist der einzige Weg zu Gott, um Frieden zu finden.	Johannes 11,25 Johannes 14,6 Römer 5,1-2

— Die Bibel ist keine durch den Heiligen Geist inspirierte Offenbarung Gottes an den Menschen,

sondern Menschenwort, das bestenfalls göttliche Aussprüche enthält.
Dem müssen Sie entgegenhalten:

Die Bibel ist nicht Menschenwort, sondern Gottes Offenbarung an den Menschen. Auf sie können wir uns verlassen.	2. Timotheus 3,16 2. Petrus 1,19-21 Psalm 19,8-9 Psalm 119,9-12. 105

Hoffnung schaffen

Angesichts der magischen Welle, des euphorischen New-Age-Kultes auf der einen und der selbstzerstörerischen Zukunftsangst und Hoffnungslosigkeit auf der anderen Seite muß jungen Christen mit folgenden Themen immer wieder Mut gemacht werden:

Ein erfolgreiches Leben

Du wirst deinen Weg rein gehen können und ein erfülltes Leben haben, wenn du Gott von ganzem Herzen suchst und dich an seine Gebote hältst.	Psalm 119,9 Psalm 1 Psalm 34,10-15

Gott hat einen Plan für dein Leben

Du bist wertvoll; Gott hat einen Plan für dein Leben, und er will dich leiten.	Psalm 32,8 Epheser 2,10 Psalm 73,23-24 Jesaja 30,21

Wie sieht die Leitung Gottes aus?

Sie erfolgt durch die Bibel, durch den Heiligen Geist, durch Umstände.	Psalm 119,105 Johannes 16,12-13 Psalm 143,10 4. Mose 22,22-32

Finsternis gegen Licht

Der Widersacher, der Teufel mit seinen Dämonen, kämpft gegen Gott und seine Kinder. Gottes Wort warnt vor okkulten Praktiken und Götzendienst. Das Heer der dienstbaren Geister, die Engel Gottes, die uns zum Schutz gegeben sind, ist jedoch wesentlich größer.	1. Petrus 5,8-9 Epheser 6,10-17 5. Mose 18,9-14 2. Mose 20,3-5 Hebräer 1,14 Matthäus 18,10 Psalm 91 2. Könige 6,14-17

Wie gesagt: Dies soll nur eine Kostprobe sein, eine Anregung, wie auch Sie kleine Bibelarbeiten mit Ihren Kindern gestalten können. Es gibt noch viele andere wichtige Themen: erhörliches Beten, Glaube, Gott als Vater, das Liebesgebot, die Gemeinde, Sünde und Reinigung, Neugeburt, geistliches Wachstum u.a.

Mit der Thompson Studienbibel und mit den „Bausteinen zum geistlichen Wachstum" können Sie diese und weitere Themen erarbeiten. (Die Frage der „Neugeburt" bzw. wie Sie ein Kind zu Jesus führen können werde ich in einem nächsten Taschenbuch aufgreifen).

Feste feiern

Kinder feiern gern Feste, besonders wenn die Eltern mitmachen und es fröhlich zugeht. Zu einem befreiten christlichen Lebensstil gehört, miteinander feiern zu können. Damit meine ich auch alle möglichen Anlässe, die sich im Alltag ergeben können: ein Frühlingsfest, wenn das erste Grün richtig da ist, ein Begrüßungsfest, wenn Besuch kommt, ein Wiedersehensfest, ein Abschiedsfest, ein Freudenfest bei einem besonderen Ereignis oder ein Schneefest, wenn der erste Schnee gefallen ist, und ein Bratäpfelfest, wenn das Feuer im Kaminofen bullert und die frühen Abende Sehnsucht nach dem süßen Duft wecken.

Ein Geburtstag mit geistlichem Tiefgang

Zu den ganz besonderen Festen gehört natürlich ein Kindergeburtstag. Meistens wird mit der Verwandtschaft und mit vielen eingeladenen Kindern gefeiert. Je nach Temperament der Gäste verläuft so eine Feier mehr oder weniger anstrengend. Wenn die Gäste gegangen sind und es wieder ruhiger wird, ist die Zeit, sich in der kleinen Familienrunde zusammenzusetzen und dem Geburtstagskind eine besondere Wertschätzung zukommen zu lassen. Familie Lüling gestaltet das folgendermaßen:

Die Geburtstagsfeier ist vorüber, die Gäste sind gegangen. Wir sitzen als Familie noch zusammen und sprechen über das vergangene Jahr: „Was waren die wichtigsten Erlebnisse im Leben des Geburtstagskindes?" Während die Kinder erzählen, spüren sie: Wir gehören zusammen, und unsere gemeinsamen Erfahrungen verbinden uns.
Mit dem folgenden Impuls nimmt das Gespräch eine Wende: „Ist es eigentlich selbstverständlich, daß das Jahr so gut verlaufen ist?" Wir Eltern berichten, wie wir manche der genannten Dinge vorbereitet und durchlebt haben. Die Kinder hören neu, daß Gott, der Vater, für unsere Familie da ist, daß er jeden geschaffen hat, ihn kennt und liebt und einen Plan für ihn hat.
Mit unseren älteren Kindern gehen wir auf „Spurensuche": „Welche Hinweise gab es im vergangenen Jahr für das Handeln Gottes im Leben des Geburtstagskindes?" Diese geistliche Rückschau hilft den Kindern, sich selbst als einzigartig und wichtig für Gott zu verstehen. „Du bist von Gott in unsere Familie hineingegeben, um hier geliebt und umsorgt zu werden, und du bist eine Bereicherung für unser Familienleben." Diese Aussage kommt klar durch. So vermitteln wir dem Kind ganz bewußt die Wertschätzung des himmlischen Vaters.

Zum Abschluß des Gespräches nennt jeder dem Geburtstagskind eine Eigenschaft, die er besonders an ihm schätzt, oder erinnert an eine Tat, für die er dankbar ist. Das auszudrücken, ist für Geschwister oft gar nicht so leicht. Ein gemeinsames Gebet folgt diesen Ermutigungen. Zum Schluß singen wir noch einmal das Geburtstagslied:

1. Vergiß es nie: Daß du lebst, war keine eigene Idee, und daß du atmest, kein Entschluß von dir. Vergiß es nie: Daß du lebst, war eines anderen Idee, und daß du atmest, sein Geschenk an dich.

Refrain:
Du bist gewollt, kein Kind des Zufalls, keine Laune der Natur, ganz egal, ob du dein Lebenslied in Moll singst oder Dur. Du bist ein Gedanke Gottes, ein genialer noch dazu. Du bist du, das ist der Clou, ja der Clou. Ja, du bist du!

2. Vergiß es nie: Niemand denkt und fühlt und handelt so wie du, und niemand lächelt so, wie du's g'rad tust. Vergiß es nie: Niemand sieht den Himmel ganz genau wie du, und niemand hat je, was du weißt, gewußt.

3. Vergiß es nie: Dein Gesicht hat niemand sonst auf dieser Welt, und solche Augen hast alleine du. Vergiß es nie: Du bist reich, egal, ob mit, ob ohne Geld, denn du kannst leben! Niemand lebt wie du.

Paul Janz / Jürgen Werth

 (siehe S. 4)

Kirchenfeste, christlich gestaltet

Advent, Weihnachten, Ostern, Pfingsten, hinzu kommen Nikolaus, Silvester und Karneval — das sind Feste, die anstrengend werden können, denn sie werden ja in unserer Gesellschaft von den wenigsten christlich gestaltet. Manche sind märchenhaft-mythisch überlagert, andere sind kommerzialisiert oder enden in Orgien.

Dennoch sind Familien mit diesen Festen konfrontiert, haben Eltern die Aufgabe, ihren Kindern die biblische Aussage dieser Feierlichkeiten zu erklären und sie mit der richtigen Bedeutung vor Augen zu feiern.

Advent: Erwartung der Ankunft des Herrn Jesus Christus

Was bedeutet für Sie Advent? Lediglich ein Hinweis auf das nah herangerückte Weihnachtsfest? Advent kann zu einer Zeit werden, in der wir als Familie eines der größten Feste der Geschichte vorbereiten, nämlich den Geburtstag Jesu, unseres Herrn und Retters!

Familie Teeter verlebt die Adventswochen so:

„Am ersten Adventswochenende beginnt für uns die Vorbereitungszeit. Wir backen Plätzchen und dekorieren die Wohnung. Der geschmackvolle Weihnachtsschmuck verbreitet eine behagliche Atmosphäre, die mit Ehrfurcht verbunden ist. Am

Sonntagnachmittag naschen wir an den selbstgebackenen Plätzchen und singen Adventslieder. Die anderen Sonntage verbringen wir allein oder mit Freunden ähnlich. Aber jeder Adventssonntag wird mit einer gezielten Andacht abgeschlossen: Wir besingen Jesu bevorstehenden Geburtstag und lesen Schriftstellen aus dem Alten und Neuen Testament, die auf die Geburt Jesu hindeuten.

1. Advent: Der Sündenfall und die Notwendigkeit unserer Erlösung (1. Mose 3,15; Galater 4,4-5).

2. Advent: Durch Abraham werden alle Nationen gesegnet werden (1. Mose 18,18; 1. Mose 17,19; Matthäus 1,1-17).

3. Advent: Die Ankündigung des Geburtsortes (Micha 5,1; Lukas 2,4-7).

4. Advent: Die Ankündigung der Jungfrauengeburt (Jesaja 7,14; Lukas 1,26-35).

Am *Heiligen Abend* verstehen wir dann die Erfüllung der alttestamentlichen Prophezeiungen um so besser.

Weihnachten — stille Nacht, heilige Nacht ...?

Unter den Kirchenfesten hat mir das Weihnachtsfest stets die meisten „Bauchschmerzen" bereitet. Schon im Spätsommer preist der Großhandel Weihnachtsartikel an. Im November und Dezember hasten die Menschenmassen durch die Einkaufsstraßen. Die Einzelhändler reiben sich die Hände: Jahr für Jahr werden zum Weihnachtsfest runde 20 Milliarden Mark umgesetzt. Da ist nicht viel von „Stille" übriggeblieben, geschweige denn von „geheiligter" Atmosphäre.

Ist „Aussteigen" eine Lösung?

Als jungverheiratetes Ehepaar haben wir diesen Rummel einfach nicht mitgemacht. Wir sind „ausgestiegen" und haben auf unsere Weise gefeiert: ohne Hektik, ohne Geschenke, ohne Weihnachtsbaum. Aber dann hatten wir Familie, und schon ging's los: Kindergarten, Schule, Vereine, Kirche und Verwandtschaft — alle strapazierten das Thema Weihnachten. Da hatten wir am 24. Dezember endgültig genug vom Feiern! Trotzdem kann man das Fest nicht einfach ausfallen lassen. Wie feiert man mit Kindern Weihnachten, ohne daß die Bedeutung dieses Festes in den Hintergrund tritt?

Was einen bekennenden Christen am Weihnachtsfest stört, ist ja nicht das Feiern an sich, sondern

— die Verdrehung durch eine geschmacklose Romantisierung und Verkitschung der Geburt Jesu.
— die gefährliche Vermengung des Heilsgeschehens mit Märchen und Legenden.
— Die Vermarktung durch einen abstoßenden Geschenkerummel.

Wenn diesen drei Gefahren rechtzeitig vorgebeugt wird, kann Weihnachten richtig schön werden und die Heilstat Jesu im Vordergrund bleiben. Das haben wir mit unserer großen Familie entdecken dürfen!

Romantisierung der Geburt Jesu

Weihnachten geht unwahrscheinlich aufs Gefühl: Kerzenduft, Pfefferkuchen, sanfte Musik und gemütliche, dunkle Abendstunden. Daran ist nichts verkehrt. Aber wie werden diese Gefühle aufgefangen?

Vielleicht mit „süßen Glocken", durch einen „holden Knaben mit lockigem Haar" oder gar durch das Christkind, das „sich vom Himmel schwingt eilends hernieder zur Erd"? Lief so die Geburt Jesu ab? Nein! Da lag das Baby in einem ärmlichen, schmutzigen Stall. Joseph und Maria, erschöpft von den Strapazen der Reise und der Geburt, saßen daneben. Umringt waren sie von Hirten, denen der Schrecken und die Ehrfurcht ins Gesicht geschrieben stand. Sie sahen sich im Lichte Gottes und erschraken über ihre Gottesferne, über ihre Sünde und Unvollkommenheit. Als sie die Weihnachtsbotschaft — „Fürchtet euch nicht!" — hörten, ahnten sie, daß dort zwischen blökenden Schafen das Heil der Welt lag.

Märchen und Legenden

Wenn der mit Süßigkeiten gefüllte Nikolausstiefel vor der Tür steht, glauben 86 Prozent der unter fünfeinhalb Jahre alten Kinder in der Bundesrepublik

tatsächlich, daß ihn der Nikolaus gebracht hat. Das ergab eine Umfrage der Zeitschrift „Unser Kind" bei 1200 Familien. An das Christkind glauben noch 82 Prozent der Vorschulkinder. In 45 Prozent der Familien taucht der Weihnachtsmann zumindest einmal leibhaftig auf (Welt, 6. 12. 1986).

Diese Vermengung des Heilsgeschehens mit Märchen und Legenden halte ich für äußerst bedenklich. Natürlich ist es für die Kinder eine herrliche Sache, am Nikolausmorgen einen gefüllten Stiefel vor der Tür vorzufinden. Aber muß ich sie in dem Glauben lassen, da sei jemand nachts hereingeschwebt und habe den braven Kindern etwas hinterlassen?

Besser ist es, wahrheitsgemäß auf den Bischof Nikolaus hinzuweisen, der um 300 n. Chr. in Myra, in der heutigen Türkei, lebte und weithin bekannt war für seinen Einsatz gegenüber den Notleidenden und Armen. Daraus ist der Brauch entstanden, daß Eltern ihren Kindern eine Freude machen. Das gleiche gilt für das Christkind oder den Weihnachtsmann. Unsere Erklärung lautet schlicht und einfach: Es gibt kein Christkind und keinen Weihnachtsmann. Wir feiern Jesu Geburtstag. Mit ihm ist das Licht und unsere Erlösung in die Welt gekommen. Das zeigen die vielen Kerzen, die wir anzünden. Zu einem Geburtstag macht man sich eine Freude. Da Jesus nicht persönlich unter uns ist, aber in uns lebt, beglücken wir uns gegenseitig.

Geschenkerummel

Hört man Kinder in der Adventszeit von ihren Wunschzetteln schwärmen, und sieht man sie an den Weihnachtsfeiertagen mit ihren wahnsinnig teuren Geschenken prahlen, kann man den Eindruck gewinnen, manche Eltern nutzen Geschenke als Ersatz für verlorengegangenen Frieden. Was können christliche Eltern gegen den schlimmen Geschenkerummel unternehmen? Hier zählt ganz gewiß das elterliche Vorbild. Claudia und ich sind so ausgefüllt mit der Freude an den Kindern und über Jesus, daß wir uns gegenseitig nichts zu schenken brauchen. Diese Haltung bleibt den Kindern nicht verborgen. Ihnen nun zuzumuten, auch auf Geschenke zu verzichten, wo alle anderen Klassenkameraden damit überhäuft werden, kann für sie allerdings eine Überforderung sein.

Wir haben eine gute Zwischenlösung gefunden: mit der Begründung, zu Weihnachten solle die Freude über die Geburt Jesu im Mittelpunkt stehen, schenken wir jedem Kind nur eine Kleinigkeit — aber originell und von Herzen. Dafür betonen wir, daß das Geburtstagsgeschenk zum Ausgleich um so kräftiger ausfallen wird. Diese Verlagerung haben die Kinder sehr gut aufgenommen und fühlen sich im Vergleich mit anderen nicht zu kurz gekommen.

Vor einigen Jahren sammelte ich die älteren meiner Kinderschar (ab Schulalter) um mich und fragte, ob jemand freiwillig auf sein Weihnachtsgeschenk zugunsten eines befreundeten Missionarsehepaares verzichten wolle. „Es ist ja der Geburtstag Jesu, und Jesus hat gesagt: Was ihr einem meiner geringsten Brüder getan habt, das habt ihr mir getan", erläuterte ich ihnen die Absicht. Alle gingen darauf ein. Dies kann eine enorme Herausforderung für ein Kinderherz bedeuten, das hin und her gerissen wird zwischen eigenen Wünschen und Verzicht. Andererseits kann damit die Bedeutung des Weihnachtsfestes kaum klarer umrissen werden.

In dem Taschenbuch „Gesegnete Weihnachtszeit" von Gottfried Schröter (Schulte & Gerth) können Sie weiteres über den geschichtlichen Hintergrund des Weihnachtsfestes und dessen sinnvolle Gestaltung lesen.

Der Silvesterabend

Wie kann man diesen letzten Tag im Jahr für die ganze Familie zu einem Erlebnis machen?

Lassen Sie mich berichten, wie wir den Jahresabschluß gestalten. Vielleicht können Sie einige Anregungen übernehmen. Nach dem ausgedehnt verplauderten Festessen haben wir gegen 20.30 Uhr zunächst unseren geistlichen Teil. Mit Bibel, Zettel und Bleistift ziehen sich Kinder und Eltern auf ihre Zimmer zurück und denken über zwei Fragen nach: „Wofür bin ich Gott im letzten Jahr besonders dankbar?" und: „Für welche Vorsätze brauche ich im neuen Jahr Gottes Beistand?" Nach etwa einer Viertelstunde treffen wir uns wieder und beginnen den Gedankenaustausch. Die erste Frage ist meistens der Start zu einem kompletten Jahresrückblick mit all seinen Höhen und Tiefen. Es gibt viel zu lachen, aber auch zu staunen über Gottes Fürsorge und Bewahrung, die manch einem erst jetzt so richtig bewußt wird.

Die zweite Frage leitet über zu einem selbstkritischen Betrachten der persönlichen Beziehung zu Jesus und des Einbringens in die Familie; sie führt uns in eine Gebetsgemeinschaft, in der jeder beten kann (aber nicht muß). Danach werden die Musikinstrumente hervorgeholt und es wird gesungen. Da wir gern singen, kann dies recht lange dauern.

In der restlichen Zeit bis zum Jahreswechsel schauen wir uns Urlaubsdias und -filme an und schwelgen in unseren Erinnerungen. Dabei kann es vorkommen, daß die Kleineren auf dem Schoß einschlafen.

Nun, wir haben eine große Familie und sind sehr froh, wenn wir einmal ganz unter uns sind. Aber ich kann mir gut vorstellen, daß der gleiche Rahmen gemeinsam mit einer oder mehreren anderen Familien, die Kinder in etwa dem gleichen Alter haben, genauso gut oder sogar noch leichter eingehalten werden kann.

Um Mitternacht fallen wir uns alle um den Hals und wünschen uns ein gesegnetes neues Jahr. Meistens treten wir vors Haus und schauen uns das Feuerwerk über der Stadt an. Selbst Knaller zu kaufen, habe ich bisher nicht fertiggebracht. Wenn ich daran denke, daß in wenigen Minuten mehr als 100 Millionen DM im wahrsten Sinne des Wortes verpulvert werden, während gleichzeitig Menschen verhungern, kann ich dies mit meinem Gewissen nicht in Einklang bringen. Hinzu kommt der heidnische Gedanke, böse Geister mit Lärm vertreiben zu wollen. Das haben wir nun wirklich nicht nötig.

So begründe ich es auch den Kindern. Was wir den Kleinen allerdings gern zugestehen, sind Wunderkerzen, die sich mit herrlichem Effekt durch die Luft werfen lassen.

Karneval und Kinder

Je näher christliche Familien an den Karnevals-Hochburgen wohnen, um so konsequenter müssen sie nach Alternativen zu diesen „tollen Tagen" suchen.

Wir hier in Norddeutschland sind davon nicht so stark betroffen, obwohl in Kindergärten und Schulen Karneval mit Verkleiden gespielt wird. Sobald unsere Kinder in der Grundschule davon betroffen waren, haben wir ihnen den Sinn von Fastnacht erklärt und warum wir als Erwachsene daran nicht teilnehmen. Dann kam die Einschränkung: „Aber ich weiß, für dich und deine Klassenkameraden ist es ein lustiges Fest mit Verkleiden und Spielen. Wenn du älter geworden bist, wirst du daran sicherlich genausowenig teilnehmen wollen wie wir." Diese Strategie hat geklappt. Schon ab der fünften oder sechsten Klasse haben unsere Kinder von sich aus nicht mehr an dem Rummel teilnehmen wollen und wußten ihn richtig einzuschätzen.

Wohnt man allerdings in einer Karnevals-Hochburg, mag diese Einstellung nicht ausreichen. Eine Familie hat es so gelöst:

„Fastnachtfeiern? In unserer Familie nicht!" Das war unsere Meinung von Anfang an. Aber wie sagen wir es unseren Kindern? Und wie machen wir es ihnen verständlich, ohne daß es zu unnötiger Konfrontation kommt? Und wie helfen wir ihnen, wenn sie von anderen bedrängt werden — von Freunden, vom Kindergarten, von der Schule?

1. Grundsatz: Klarheit.

Wir haben unseren Kindern erklärt, warum wir gegen Fastnacht sind. Was läßt sich da sagen? Zuerst: Es war ein heidnisches, ein nichtchristliches Fest, an dem man böse Geister vertreiben oder sich gegen sie schützen wollte. Wir aber sind Christen und brauchen keine Angst vor Geistern zu haben, weil wir unter dem Schutz unseres Heilandes stehen. Und dann: Es wurde eine katholisches Fest, an dem man sich noch einmal austoben will, bevor die Fastenzeit und die Trauer über Leiden und Sterben unseres Heilandes beginnt. Wir aber sind evangelisch und brauchen uns nicht auszutoben, weil wir uns immer freuen können, auch in der Passionszeit, weil uns Jesus erlöst hat. Und drittens: In der Fastnachtszeit schlagen die meisten, die feiern, über die Stränge, so daß es viel Tränen und Not gibt: Oft ist kein Geld mehr da für die Kinder, weil man es hinausgeworfen hat; Familien gehen kaputt, weil sich Eltern untreu werden; und wieviel Unrecht wird getan, wenn die Leute zuviel trinken! — Auf diese einfache Weise haben wir mit unseren Kindern gesprochen, und zwar jedes Jahr wieder, und wir haben damit angefangen, als unser Ältester es gerade verstehen konnte — natürlich mit kindgemäßen Worten.

2. Grundsatz: Kein Kompromiß!

Mancher sagt sich: Warum nicht wenigstens ein bißchen feiern lassen? Es ist freilich nicht leicht, wenn von allen Seiten gedrängt wird, zumal wir nicht meinten, harmloses Fastnachtfeiern der Kinder mit Verkleiden und Lärmen sei auf alle Fälle Sünde. Da aber, fanden wir, ist es am besten, keinen Kompromiß einzugehen. Denn wo endet er? Kinder können das noch nicht überschauen. Und was werden sie tun, wenn sie älter werden und daran gewöhnt sind? Also lieber gleich eine deutliche Grenze ziehen. Da mußten wir freilich immer wieder auch selbst vor Lehrern Farbe bekennen, um ihnen unsere Meinung zu sagen und unser Nein zu erklären. Unsere Erfahrung: Durch die klare Haltung kamen unsere Kinder selbst zur Überzeugung, sich Fastnacht zu verweigern. Und dieses Nein der Kinder selbst war uns am wichtigsten. Denn sie sollten später nicht meinen, sie hätten etwas versäumt, und

Fastnacht sei ihnen verboten worden. Aber ihr Nein hatte freilich noch einen anderen Grund.

3. Grundsatz: Besseres bieten!

Unsere Kinder sollten merken, daß wir sie nicht gegen Fastnacht einnehmen wollten, nur um Geld zu sparen. Denn Kostüme und Eintritt zu Fastnachtveranstaltungen kosten schließlich einiges. Sie sollten sehen: Wir haben Geld für sie. Und so rechneten wir Ihnen vor, was solche Dinge kosten würden, und sagten ihnen, daß sie sich dafür etwas Schönes wünschen dürften, von dem sie dann lange etwas hätten. Und dann kam die Frage, was sie lieber hätten: Die Teilnahme an Fastnacht oder …
Wenn der Rummel dann begann, bekamen sie das, was sie sich ersehnt hatten, und waren glücklich damit. Daß es nun für Fastnacht kein Geld mehr gab, war nur logisch. Und wenn das Geschenk, zum Beispiel ein Spiel, wieder einmal benutzt wurde, hörten sie von uns: „Das war euer Fastnacht 19… War es nicht besser?" Aber der Fastnachtstag selbst? Unsere Kinder sollten nicht auf andere neidisch werden, die an diesem Tag feiern durften. Deshalb nahmen wir uns für diesen Tag etwas vor, wozu wir natürlich auch Zeit und Geld aufwandten: eine Fahrt zum Beispiel, am liebsten mit einer befreundeten Familie mit etwa gleichaltrigen Kindern, mit Spiel und Freude, oder ein Kinderfest in unserer Wohnung, aber ohne billige Fastnachtsimitation. Verkleiden und anderes, was Kinder mögen — das konnten sie auch ohne Fastnacht haben, und zwar das ganze Jahr über!

Nach einem Umzug kamen wir dann in eine

Gemeinschaft, in der auch andere Eltern Fastnacht ersetzten: Es gab einen schönen, fröhlichen Nachmittag mit Kaffee und Kuchen im Gemeinschaftshaus — ein regelrechtes Kinderfest. Zusätzliche Geschenke waren nun nicht mehr nötig, denn die Kinder zogen beglückt mit ihren Gewinnen nach Hause. Sehnsucht nach Fastnachtfeiern? Das war gestorben. Heute gibt es sogar Familienfreizeiten um die „tollen Tage" herum. Ob es die Kinder später bedauern, daß sie nicht Fastnacht feiern durften?
(Werner Stoy, Gnadauer Gemeinschaftsblatt 1/89)

Das Buch von T. Fränkle und W. Höhmann, „Fastnacht für Christen?", Edition C, gibt weiteres wertvolles Hintergrundwissen und hilft, eine persönliche Einstellung zu finden.

Mit Kindern über Ostern sprechen

Familie Lüling macht das so:

„Alle Jahre wieder . . ." kommt auch das Osterfest. Wie oft schon haben Sie dieses Fest begangen — aber was bedeutet es für Sie persönlich?
Um einer Sinnentleerung vorzubeugen, ist es nötig, eine tiefe persönliche Überzeugung von der Bedeutung dieses Festes zu bewahren, und diese im Gespräch den Kindern zu vermitteln.
Da es Ostern nicht ohne einen Karfreitag gibt, sollten Sie auch zunächst über die tiefe Bedeutung dieses Tages sprechen. Jesu Tod am Kreuz ist eine Her-

ausforderung, das Wesen der Sünde und ihren Herrschaftsanspruch, aber auch Gottes Vergebung und Erlösung anzuerkennen. Zur Veranschaulichung erzählen wir den Kindern die Geschichte der Unterdrückung Israels durch den Pharao und die Befreiung des Volkes aus seiner Knechtschaft (2. Mose 5-12). Im Zentrum steht die Passahfeier, mit der wiederum auf das Leiden und die Erlösungstat Jesu hingewiesen wird.

Den aktuellen Bezug schaffen wir, indem wir von der Auswirkung der Sünde in unserem eigenen Leben berichten. Auch die Kinder können ihre Erfahrungen einbringen, da sie ebenfalls den Zwiespalt kennen: das Richtige tun zu wollen, aber sich dann doch für das Falsche zu entscheiden. Die kleine, leise Stimme im Ohr ist doch so verführerisch!

Der nächste Schritt ist, deutlich zu machen, wie Eltern durch das böse Verhalten von Kindern enttäuscht und verletzt werden und es sie schmerzt, ein Kind, das sie lieben, bestrafen zu müssen. Genauso empfindet Gott, unser himmlischer Vater! Er hat nicht nur ein paar Kinder, die er liebt, nein, er liebt jeden! Damit nicht jeder die Strafe für seine Schuld tragen muß, kam Jesus, um für uns zu büßen. „So sehr hat Gott die Welt geliebt, daß er seinen eingeborenen Sohn gab, damit jeder, der an ihn glaubt, nicht verloren gehe, sondern ewiges Leben habe!" (Johannes 3,16).

So weit gehen wir in unseren Gesprächen in den Tagen bis einschließlich Karfreitag. Am Samstag versuchen wir, den vielen offengebliebenen Fragen nachzugehen, die ja auch die Jünger hatten. „Mußte das sein? War es nicht ungerecht? Was, wenn alles

eine Täuschung war?" Um die Freude der Auferstehung begreifen zu können, ist es nötig, zuvor die Hoffnungslosigkeit zu verdeutlichen und auszuhalten. Die Jünger damals rechneten nicht mit einem „Happy-End"!
Und dann kommt der Ostermorgen! Haben Sie den Mut, Ihre Kinder mit der unbegreiflichen Freudenbotschaft zu wecken: „Der Herr ist auferstanden!" Sie sollen an Ihrer Begrüßung merken: dies ist ein besonderer Tag! In der Andacht erzählen Sie dann, wie Sie selbst dem Auferstandenen begegnet sind und Ihr Leben in seine Hand gegeben haben. Gerade Kinder brauchen glaubwürdige Zeugen!

Ostergeschenke

Auch das ist ein heikles Thema! So sieht es Familie Keller:

Denke ich an Ostern, fallen mir sofort bunte Eier, Hasen und all die anderen Dinge ein, mit denen wir termingerecht um diese Jahreszeit überschüttet werden. Natürlich macht es großen Spaß, Süßigkeiten in der Wohnung oder im Garten zu verstecken, die Kinder beim Suchen zu beobachten, und an ihrer Freude teilzunehmen. Aber mit der eigentlichen Bedeutung des Osterfestes hat dies wenig zu tun.
Deshalb planten meine Frau und ich, es einmal anders zu machen. Die ganze „Eiersuche" wollten wir für die Kinder als ein Spiel darstellen, das genausogut an einem anderen Tag, zum Beispiel an einem Geburtstag, seinen Platz haben kann. Unser Familien-Ostern sollte unter dem Motto stehen:

„Ich will dem anderen eine Freude bereiten!"
Dazu beschlossen wir folgendes: Die Überraschung darf kein Geld kosten, und der andere soll auch nicht erfahren, wer ihm eine Freude gemacht hat. Beispielsweise könnte er einen Bibelvers auf seinem Kopfkissen finden, oder eine Arbeit, die er normalerweise zu verrichten hätte, ist schon erledigt...
Damit ist die ganze Familie herausgefordert, liebevolle Aufmerksamkeit füreinander in die Tat umzusetzen. Außerdem ist es ganz schön aufregend, Freude zu bereiten, ohne daß der andere etwas merkt. Zu diesem Wettbewerb wollten wir uns die ganze Osterwoche über Zeit nehmen und an den Feiertagen über unsere Erlebnisse sprechen ...

Der ganze Rummel mit Osterhasen und Eiern kann bewußten Christen schon auf die Nerven gehen. Was hat der Osterhase mit der Auferstehung Jesu zu tun? Wie bei Weihnachten haben sich christliche Inhalte mit heidnischem Brauchtum vermischt.

Grundsätzlich ist nichts gegen Osterschmuck zu sagen, selbst eine Süßigkeitensuche im Garten ist ein Riesenspaß. Nur müssen Kinder klar wissen, um was es geht.

Von einer anderen Familie erfuhr ich, daß sie die ganze Eiermalerei zu Ostern ausfallen ließ — jeder Kindergarten und jede Grundschulklasse kleckst ohnehin genug herum. Dafür modellierten sie miteinander einen prächtig anzuschauenden Ostergarten mit dem Auferstehungsgrab. Eine großartige Idee!

Bei uns hat sich eingebürgert, die Süßigkeitensuche im Garten erst am Ostermontag abzuhalten,

um am Auferstehungssonntag wirklich ohne Ablenkung an den auferstandenen Herrn denken zu können.

Pfingsten

Pfingsten gilt als Beginn der christlichen Gemeinde, gleichzeitig ist es das Ereignis, auf das schon im

Alten Testament hingewiesen wurde und von dem Jesus immer wieder zu seinen Jüngern sprach: Die Ausgießung des Heiligen Geistes und Ausstattung mit göttlicher Kraft zum Zeugendienst.

In der Woche vor Pfingsten können Sie bei Ihren Familienandachten auf die Verheißungen Jesu zur Ausgießung des Heiligen Geistes eingehen und die dritte Person der Gottheit, den Heiligen Geist, erklären. An den Pfingstfeiertagen sollten Sie Kapitel eins und zwei der Apostelgeschichte miteinander lesen.

Für Kinder ist es zunächst einmal schwer, sich etwas unter dem Heiligen Geist vorzustellen. Mit Jesus können sie eher etwas anfangen; immerhin lebte er sichtbar auf der Erde. Von Gott Vater können sie sich auch eine Vorstellung machen, denn sie kennen ja ihren irdischen Vater. Aber von einem Heiligen Geist ...? Das Wort verführt schon, an „Geister" oder ähnliches zu denken.

Bibelarbeit mit Kindern: der Heilige Geist

So ist es zunächst einmal wichtig, dem Kind klarzumachen, daß der „Heilige Geist" verschiedene Namen hat und eine Persönlichkeit der dreieinigen Gottheit ist.

Seine Name

Seine Namen (ca. 25) sagen etwas über sein Wesen und sein Wirken aus:

— Namen, die seinen Dienst (seine Gaben) umschreiben

Geist des Lebens	Römer 8,2
Geist der Heiligkeit	Römer 1,4
Geist der Weisheit	Epheser 1,17
Geist des Glaubens	2. Korinther 4,13
Geist der Wahrheit	Johannes 14,17
Geist der Gnade	Hebräer 10,29
Geist der Sohnschaft	Römer 8,15
Geist der Kraft, der Liebe und der Besonnenheit	2. Timotheus 1,7

— Seine Beziehung zum Vater

der Geist Gottes	Matthäus 3,16
der Geist des Herrn	Lukas 4,18
der Geist eures Vaters	Matthäus 10,20
die Verheißung des Vaters	Apostelgeschichte 1,4

— Seine Beziehung zum Sohn

Christi Geist	Römer 8,9
der Geist Jesu	Apostelgeschichte 16,7
der andere Beistand (Fürsprecher, Helfer)	Johannes 14,16

— Namen, die seine eigene Göttlichkeit umschreiben

ein Geist	Epheser 4,4
der Herr, der Geist	2. Korinther 3,18
der ewige Geist	Hebräer 9,14
der heilige Geist	Matthäus 1,18; 28,19

Merkmale seiner Persönlichkeit

Die Merkmale einer Persönlichkeit sind Wissen, Gefühl und Wille. Diese hat auch der „Heilige Geist":

Dem Heiligen Geist wird Wissen zugeschrieben.	1. Korinther 2,11
Er handelt, wie er will!	1. Korinther 12,11 Römer 8,27
Der Heilige Geist ist eine göttliche Person, die dir mit tiefer Liebe	Römer 15,30
begegnet und mit dir in einer innigen Liebesgemeinschaft bleiben möchte.	2. Korinther 13,13
Er ist sehr empfindsam in bezug auf die feinste Form der Sünde.	Epheser 4,30

Die Ankündigung Jesu zum Dienst des Heiligen Geistes

Johannes 7,37-39
Johannes 14,15-18; 14,26; 16,7-14
Lukas 24,49
Apostelgeschichte 1,8

Hier habe ich Ihnen eine Menge Bibelstellen zum Dienst und Wesen des Heiligen Geistes angeführt. Zunächst einmal sollten Sie sie für sich durcharbeiten, um einen Überblick zu bekommen, und dann gehen Sie diese Verse mit Ihren Kindern durch.

Bei einem Grundschulkind sollten Sie eine Auswahl treffen und auch den Zusammenhang berücksichtigen, bei einem älteren Kind können Sie Tag für Tag alle Verse durcharbeiten und darüber sprechen. Meine Kinder haben für solche Anlässe ein kleines Notizbuch, in das sie die Bibelstellen und Merksätze eintragen.

Als Familie Gott erleben

Folgendes Muster findet man häufig in christlichen Gemeinden: Vater geht in Diensten wie Leitung, Lehre und Seelsorge auf, Mutter singt im Chor, macht Kinderarbeit oder bewährt sich in der Frauenarbeit, und die eigenen Kinder, tja, die werden in einer mehr oder weniger guten Kinderstunde aufbewahrt, bis sie alt genug sind, um selbst dem Herrn in ähnlicher Weise zu dienen.

Ab welchem Alter können Kinder eigentlich Gott dienen? Wie groß müssen sie sein, um Gottes Stimme zu hören und Aufträge von ihm in Empfang nehmen zu können? Muß es immer so sein, daß Familienmitglieder an verschiedenen Stellen des Reiches Gottes arbeiten? Gibt es nicht auch Aufgaben, die sie gemeinsam tun könnten — als Familie im Dienst für Jesus stehen und Gottes Herz erfreuen?

Dies sind Fragen, die wir uns als Eltern und Mitarbeiter einer Familienarbeit immer wieder gestellt haben. Viele Anregungen haben wir von Dale Kauffman, dem Leiter der internationalen King's-Kids-Bewegung (zu deutsch: Königskinder), einem Arbeitszweig von „Jugend mit einer Mission", erhalten. Ich gebe im folgenden einiges davon wieder in der Gewißheit, daß es zumindest teilweise von Ortsgemeinden übernommen werden kann.

Dales Anliegen ist, Erwachsenen klarzumachen, daß Gott auch Kinder ernst nimmt und zu ihnen spricht und daß sie ihm vollwertig dienen können. „Aus dem Munde von Kindern und Säuglingen hast du eine Macht zugerichtet, um deiner Feinde willen, um den Feind und den Rachgierigen zum Schweigen zu bringen" (Psalm 8,3). An dem Jungen Samuel haben Sie ein Beispiel, wie Gott prophetisch zu einem Kind spricht. Samuel muß noch im Vorschulalter gewesen sein, als er dem alten Eli Gottes Offenbarungsspruch mitteilte (1. Samuel 3).

Unter diesem Gedanken werden internationale King's-Kids-Gruppen zusammengestellt, die evangelistische und diakonische Dienste mit Kindern und Teenagern aller Alterstufen durchführen. Mit Tanz, Pantomime und Gesang wird auf den Straßen evangelisiert, Kinder lassen sich vom Geist Gottes leiten, geben Zeugnis und führen andere Kinder und Erwachsene zu Jesus. Weil sie ernstgenommen werden und man ihnen zutraut, daß Gott zu ihnen sprechen und sie gebrauchen kann, sind sie mit großer Begeisterung und Hingabe dabei. Andere geben sich in praktische, diakonische Dienste ein. Sie helfen in Slums, auf Missionsstationen oder beim Bau neuer Gemeinderäume, oder sie packen auf missionarischen Einsätzen mit an. Nach solch einem Einsatz kehren Kinder — und auch Eltern — positiv verändert und mit einem erstaunlichen geistlichen Tiefgang nach Hause zurück. Sie haben erlebt, daß sie in Gottes Augen sehr wertvoll sind, die Bibel wahr ist und sie mit Gott Wunder erleben können.

Manche Teenager springen von einem Extrem ins andere. Ihre Persönlichkeitsentwicklung ist durch vielfältige, schlechte schulische und gesellschaftliche Einflüsse gefährdet. Das „normale" kirchliche Kinderprogramm kann solche willensstarken Teenager kaum beeindrucken. Und Eltern spüren, wie ihnen die Heranwachsenden aus den Fingern gleiten …

Stecken Sie Ihren Teenager in das beste christliche Jugendprogramm, das Sie finden können. Von Jesus hat er schon genug gehört. Jetzt muß er erfahren, daß er von Gott gebraucht wird und mit ihm Abenteuer und Wunder erleben kann. So etwas wird ihn vor falschen Wegen bewahren.

Solche Kinder lassen sich von New-Age-Gedanken nicht beeindrucken. Sic werden die beängstigenden okkulten Experimente ihrer Klassenkameraden entlarven und viele von ihnen für Jesus begeistern. Das ist die neue Jugendgeneration, die wir in dieser gefährdeten Zeit brauchen. Mir ist lieber, mein Junge ist auf einem „Jesus-Trip" als auf einem „Disco-" oder "Drogen-Trip"! Den ausgeglichenen Teenager, wie ihn Erwachsene sich wünschen, gibt es sowieso kaum.

Gottes Herz erfreuen

Wir waren als Familie auf einer Freizeit mit Dale Kauffman. An einem Nachmittag ging es darum, wie wir gemeinsam Gott dienen können, das heißt, wie wir seine Stimme hören und sein Herz erfreuen können.

Die Kinder tragen zusammen, auf welch unterschiedliche Weise Gott spricht: „durch das Bibellesen", „durch andere Menschen", „durch Träume und Engel", „durch Eindrücke im Herzen", „durch den Heiligen Geist"…

„Wenn du ein Schaf bist, dann kannst du auch erwarten, daß Jesus, der Hirte, zu dir spricht", erklärt Dale Kauffman. „ ‚Meine Schafe hören meine Stimme', hat Jesus gesagt.
Aber es gibt drei Punkte, die du beachten mußt, wenn du wirklich Gottes Reden richtig unterscheiden möchtest:

1. Dein Herz muß rein sein: ‚Wenn ich es in meinem Herzen auf Frevel abgesehen hätte, so würde der Herr nicht hören' (Psalm 66,18).
   Du mußt also beten: ‚Herr Jesus, erforsche mein Herz. Zeige mir, ob irgend etwas nicht in Ordnung ist.' Und wenn er dir etwas zeigt, dann bitte ihn um Vergebung, und bring' es auch vor den Menschen in Ordnung.
2. ‚Vertraue auf den Herrn mit deinem ganzen Herzen und stütze dich nicht auf deinen Verstand! Auf all deinen Wegen erkenne nur ihn, dann ebnet er selbst deine Pfade!' (Sprüche 3,5-6).
   Vertraue dich Jesus ganz an, dann wird er dich leiten und führen. Bete: ‚Herr Jesus, komm, und kontrolliere du mein Leben!'
3. In Jesu Namen bitten wir jetzt noch, daß der Heilige Geist kommt und uns mit seiner Gegenwart erfüllt. In Epheser 5,18 heißt es: ‚... werdet voll Geistes', und das wollen wir.

Du weißt, daß es drei Stimmen gibt, die zu dir sprechen wollen: die Stimme Gottes, die Stimme des Teufels und deine eigenen Gedanken. Wenn dir etwas in den Sinn kommt, mußt du unterscheiden können, wer dahintersteckt. Es ist wichtig, daß du alles mit der Bibel vergleichst und überprüfst, ob es mit Gottes Wort übereinstimmt.
Ich schlage vor: Wir bringen die zwei Stimmen, die

wir nicht hören wollen, zum Schweigen. Deine eigenen Gedanken bringst du zum Schweigen, indem du sie unter den ‚Gehorsam des Christus gefangen nimmst', so steht es nämlich in 2. Korinther 10,5. Und die Einflüsterungen des Teufels kannnst du unterbinden, indem du dich Gott unterstellst und dem Teufel widerstehst: ‚Unterwerft euch nun Gott! Widersteht aber dem Teufel, und er wird von euch fliehen' (Jakobus 4,7).
Jetzt können wir zusammen beten: ‚Bitte, Vater, sprich zu uns. Ich möchte deine Stimme hören, um deinen Willen für mein Leben zu erkennen und um dein Herz zu erfreuen.'
Gott ist begeistert, wenn er Menschen findet, die seine Stimme hören wollen."

Mit glühenden Köpfen lauschen unsere Kinder den lebendigen und praktischen Anweisungen von Dale Kauffman. Wir Eltern blicken erstaunt in die Runde. Daß Kinder so angesprochen und ernstgenommen werden, haben wir noch nicht erlebt. Und wie ruhig und aufmerksam sie die ganze Zeit gesessen haben!

Aber er ist noch nicht am Ende. Jetzt bezieht er auch noch uns Eltern ein: „Bitte, setzt euch als Familien in einem Kreis zusammen und fragt Gott, wie ihr einander und als Familie Gottes Herz erfreuen könnt."

Dann führt uns Dale durch die drei genannten Schritte: Wir sind still und überprüfen, ob Sünde zwischen Gott und uns steht. Aufrichtig und mit Tränen in den Augen bereinigen einige meiner Kinder ihre Zwistigkeiten. Verblüfft schaue ich sie an. Im normalen Familienalltag würde es einiges kosten, sie zu solchen Geständnissen zu bewegen. Als nächstes erneuern wir im Gebet den Bund der Nachfolge mit Jesus, und dann soll ich als Vater beten: „Jesus, zeige uns durch den Heiligen Geist, wie wir als einzelne und als Familie Gottes Herz erfreuen können." Zögernd und ein wenig skeptisch kommen diese Worte über meine Lippen.

Wir sollen eine Weile still sein und dann die Impulse austauschen. Ich bin gespannt! Meine siebenjährige Esther beginnt: „Jesus hat mir gezeigt, ich soll in der Kinderstunde besser zuhören." Ines meint: "Jesus sagt mir, ich soll ihn nicht so schnell vergessen und erst einmal beten, bevor ich am Nachmittag zum Spielen hinauslaufe." Die Krönung bringt der zwölfjährige Chris: „Der Herr hat mir gezeigt" — er spricht wie ein Pastor —, „ich soll in der Schule mutiger Zeugnis geben. Ich habe auch zwei Bibelverse bekommen." Er liest zwei ermutigende Verse, die genau passen. „Aber, Chris", wende ich ein, „woher kennst du die Verse?" „Die kannte ich überhaupt noch nicht", beteuert er. „Jesus hat mir gesagt, ich soll diese Stellen aufschlagen, und das habe ich getan!"

Ich war wie geplättet und bekam eine Ahnung, daß man Kinder ernster nehmen sollte, wenn es um das Hören auf das Reden Gottes geht und darum, ihm zu dienen.

Diese Gedanken habe ich Ihnen so ausführlich geschildert, damit auch Sie sich einmal mit Ihren Kindern hinsetzen und es wagen, miteinander zu beten: „Jesus, zeige uns durch den Heiligen Geist, wie wir als Familie Gottes Herz erfreuen können!"

Ich bin gespannt, welche Erfahrungen Sie machen werden.

Mit Gott Wunder erleben

In meinen Augen ist es enorm wichtig, daß Kinder und erst recht Teenager in ihrer Familie, in der Kindergruppe sowie in der Gemeinde erfahren, daß man mit Jesus wirklich etwas erleben kann. Kinder haben in dieser durch und durch materiellen Erwachsenenwelt ein tiefes Interesse am Übernatürlichen. Wie wollen Sie sich sonst ihre Neugierde für mystische Dinge oder für Märchen erklären? Manche Psychologen sprechen von einem „mystischen Verlangen", das Kinder halt in einer gewissen Altersstufe hätten. Dabei steckt in ihnen eine Sehnsucht nach ihrem Schöpfer, die sie zu stillen versuchen.

Kinder sind auch Praktiker. Wenn sie etwas hören, wollen sie wissen oder ausprobieren, ob es funktioniert. Sie wollen den Himmel sehen, nicht nur davon hören.

Erzählen Sie eine biblische Geschichte, zum Beispiel, wie Jesus Kranke geheilt hat, ist es für ein aufgewecktes Kind keine Schwierigkeit, sofort für ein krankes Geschwisterkind oder die kranken Eltern zu beten. So unmittelbar glaubt es dem Worte Gottes. Und die Kinderstunden-Tante hat dann arge Mühe, diesen kindlichen Glauben wieder auf die „geistliche Ebene" zu ziehen.

Magische Zirkel und okkulte Praktiken sind zur Zeit in Schulen ein bedrohliches Phänomen. Aufgeschreckte Eltern fragen, wie sich Kinder nur solch einem „Humbug" hingeben können. Kommt man dann mit einem Teenager ins Gespräch, der sich wie ein „Gruftie" kleidet (schwarze Kutte und Toten-

kopfsymbole), dann sagt er es Ihnen unverblümt: „Bei Gott ist nichts los, darum gehen wir zum Teufel ... Da kann man wenigstens etwas erleben!"

Die gesamte „New-Age-Kultur", die viele Eltern zutiefst ängstigt, ist letztlich eine Herausforderung an Ihren persönlichen, christlichen Lebensstil. Wir Erwachsene müssen durch unser Glaubensleben den Kindern zeigen: „Schau mal, bei Jesus ist doch mehr los!"

Natürlich wollen wir nicht hinter Sensationen her sein oder wundersüchtig leben, aber ein Kind muß für sich eine Bilanz ziehen können: „Mit Jesus kann ich auch etwas erleben. Hier hat er mir geholfen, da habe ich eine Gebetserhörung erlebt. Er ist wirklich für mich da!"

In Phasen des Zweifelns kann die Erinnerung an das wunderwirkende Eingreifen Gottes wieder zurück zum Glauben führen.

Ich habe als junger Christ meinen Glauben und die Existenz Gottes oft in Frage gestellt. „Mann, habe ich mir da nicht etwas vorgemacht?" zweifelte ich in Gedanken. Aber dann konnte ich mir sagen: „Nein, es ist keine Einbildung! Diese Bewahrung oder jenes Erlebnis oder diese Begegnung ... Das habe ich mir nicht eingebildet! Da hat Jesus eingegriffen, und da habe ich ihn wirklich erlebt. Jesus lebt!"

Also, in Phasen des Zweifelns kann die Erinnerung an das wunderwirkende Eingreifen Gottes wieder zum Glauben zurückführen. So habe ich es erlebt. Und auch Ihr Kind wird noch in einige Glaubenskrisen kommen. Auf was wird es dann zurückschauen können? Deswegen ist es wichtig, daß Sie als Familie zusammen lernen, auf Gott zu vertrauen. Ob es nun die ganz kleinen, persönlichen Anliegen sind, die Schule, Familie, Gesundheit und Arbeitsstelle betreffen, oder ob es die großen Herausforderungen des Lebens sind.

Fassen Sie Mut, gemeinsam auf Gott zu vertrauen und Jesus um Hilfe zu bitten. Und wenn Sie etwas erlebt haben, vergessen Sie nicht, dies als ein Eingreifen Gottes zu würdigen und in Erinnerung zu behalten!

Ein kleines Beispiel: Ines kam neulich ganz aufgelöst und verheult nach Hause gelaufen, weil ihr Turnbeutel verschwunden war. Sie jagt wieder in die Schule, rast durch das Schulgebäude, guckt in die Turnhalle, fragt den Hausmeister, rennt wieder nach Hause und ist nur am Flennen. Claudia sagt: „Komm, Ines, jetzt mußt du erst einmal einen kühlen Kopf bekommen, damit du dich richtig zurückerinnern kannst. Wir beten jetzt, damit du wieder klar denken kannst und du deine Sachen findest". Und dann haben sie gebetet. Ines flitzt wieder in die Schule und siehe da, sie findet ihren Turnbeutel!

Bei unserer Abschlußrunde am Abend fragten wir: „Sagt mal, wie hat denn Jesus der Ines geholfen?" Schon piepste ihre kleine Schwester: „Ja, Jesus hat Ines ruhig gemacht. Dann war sie nicht mehr so aufgeregt und konnte klar denken. So hat sie ihren Turnbeutel gefunden." Dies sind die kleinen Dinge des Alltags, in denen Sie sich auf Jesus berufen und dann, wenn er wirklich geholfen hat, ihm den Dank zuschreiben sollten.

In Glaubensdingen sind Kinder recht unterschiedlich. Die einen plaudern über ihre Erfahrungen, haben keine Hemmungen, laut und viel zu beten, die anderen leben lieber zurückhaltender. Deswegen ist ihre Beziehung zu Jesus nicht weniger eng.

Unsere Esther machte einmal eine tiefe Erfahrung in bezug auf körperliche Heilung. Claudia lag mit starken Kopfschmerzen auf dem Sofa. Esther setzte sich mitleidsvoll an ihre Seite und fragte, ob sie beten dürfte. Um das Kind nicht zu enttäuschen, nickte Claudia. Nach einer Viertelstunde waren die Kopfschmerzen schlagartig vorbei! Claudia wollte es sich gar nicht richtig zugestehen, aber Esther schaute sie mit vielsagendem Blick an — ihr war das von vornherein klar gewesen!

Eltern schrecken vielfach vor solchen direkten Gebeten zurück, weil sie sich fragen: „Was denkt das Kind, wenn das Gebet nicht erhört wird?" Wir alle wissen, daß nicht jedes Gebet erhört wird. Einige unserer Gebete sind nicht angemessen. Gott läßt uns manchmal „zappeln", weil er uns durch eine Situation etwas lehren möchte oder sich die Lösung anders gedacht hat. Damit müssen wir Erwachsene leben, aber damit müssen auch Kinder lernen umzugehen. Wenn Sie also mit Glaubensmut Gebetsanliegen aussprechen, sollten Sie gleichzeitig die Kinder über die richtige Gebetshaltung belehren und darüber sprechen, warum Gott Gebete manchmal nicht erhört oder anders, als wir es uns vorgestellt haben.

Wir sitzen oft zusammen und erzählen, wie wir Gottes Eingreifen erlebt haben. Dies stärkt den Familienzusammenhalt und zeigt, daß wir nicht allein stehen, sondern einen Vater im Himmel haben, der unser Leben begleitet und einen Plan für unsere Zeit auf der Erde hat.

Berufen, Jesus zu dienen

Gott hat einen Plan, eine Berufung für das Leben Ihres Kindes. Ihr Kind wurde nicht nur geboren, daß es sich irgendwie durch das Leben „wurschtelt". Eine gute Schulausbildung und eine sichere berufliche Existenz können doch nicht das Wichtigste sein!

Jedesmal wenn ich einen unserer kleinen Säuglinge im Arm hielt, durchzog mich folgender Gedanke:

„Gott hat dieses kleine Geschöpf bereits gekannt und gewollt, bevor Claudia und ich ahnten, daß es sich schon im Mutterleibe bildete". So steht es im Psalm 139,13-15. Die Persönlichkeitsstruktur und die Fähigkeiten eines Kindes sind Gott stärker vertraut als mir als Vater, und er hat einen Wunsch für dieses Leben, einen Weg, den das Kind gehen soll: „Ich will dich unterweisen auf dem Weg, den du gehen sollst" (Psalm 32,8).

Diese Gedanken sollten Sie veranlassen, Ihr Kind ganz in Gottes Hände zu geben, damit er zu ihm sprechen und ihm den Weg weisen kann. Gleichzeitig sollten Sie fragen: „Herr, wozu hast du mir dieses Kind anvertraut? Hilf mir, daß ich ihm richtig zur Seite stehe, es erziehe und auf dem Weg leite, wie du es möchtest. Laß mich die Berufung meines Kindes erkennen, damit ich ihm beistehen kann".

Das ist der geistliche Teil unseres Erziehungsauftrages! Sie sollten eine Vision für die Zukunft Ihres Kindes haben. Beten Sie und vertrauen Sie darauf, daß Gott Ihnen Einblick gibt in den Weg, den ihr Kind gehen soll.

Fragen und Antworten

Wir haben mit Familienandachten begonnen und mit Freuden festgestellt, daß die Kinder gern dabei sind. Trotzdem haben wir noch keinen festen Rhythmus. Wann, meinen Sie, sei die passende Tageszeit, und wie häufig sollte man Andachten halten?

Es ist nur richtig, wenn eine Familie zunächst einmal probiert, wann die günstigste Zeit ist und wie oft eine Andacht gehalten werden sollte. Jedes Familienleben läuft nun einmal anders ab. Wichtig ist nur, daß Sie schließlich zu einem festen Rhythmus kommen. Für uns hat sich die Zeit vor dem Frühstück als die günstigste erwiesen. Bei den anderen Mahlzeiten ist es für uns nicht so einfach, Ruhe und Aufmerksamkeit zu bekommen. Darüber hinaus ist es ein guter Gedanke, die Kinder mit dem Segen des Herrn in den Tag zu entlassen. Manche Familien setzen sich zur Mittagszeit zusammen, bevor es an die Schularbeiten geht, und andere wiederum haben gute Erfahrungen mit einer Abendrunde gemacht.

Was die Häufigkeit der Familienandachten betrifft, möchte ich vor geistlichem Streß und Überforderung warnen. Wenn Sie ein übliches Andachtsbuch nehmen, ist Ihnen für jeden Tag eine Lektion vorgegeben. Das ist einerseits eine Hilfe, aber andererseits besteht darin die Gefahr der Routine. Vielleicht ist es sogar besser, dreimal in der Woche eine „kernige" Familienandacht zu halten, als jeden Tag müde und träge aus einem Büchlein vorzulesen. Gerade Familien, die in Andachten ungeübt sind und beginnen wollen, sollten behutsamer mit ausgewählten Andachten anfangen, die aber nun wirklich allen Freude machen sollen.

Bitte, vergessen Sie auch nicht: Es kommt ja nicht nur auf die wenigen Minuten des Zusammensitzens an, sondern auf den gesamten Lebensstil. Selbst wenn Sie einmal keine Andacht halten, so werden Sie doch zusammen beten und über Jesus und Ihren Glauben sprechen.

Wer sollte die Andacht halten, der Vater oder die Mutter?

Meine Antwort ist kurz: beide! In der Bibel lesen wir, daß sowohl der Vater wie auch die Mutter für die Unterweisung der Kinder zuständig ist: „Bewahre, mein Sohn, das Gebot deines Vaters. Verwirf nicht die Weisung deiner Mutter!" (Sprüche 6,20).

Natürlich gilt nach wie vor, daß der Vater das Haupt ist und seinem Hause vorzustehen hat, aber das heißt doch nicht, daß die Mutter den Mund hält und alles auf Papas Schultern liegt. Sie sollten sich in dieser Aufgabe ergänzen, und der Elternteil, der die größere Begabung hat, darf sie auch verstärkt einsetzen.

Mein Mann und ich sind uns nicht einig über die Länge einer Andacht. Ich möchte sie immer möglichst kurz halten, aber er ist nie unter einer Viertelstunde fertig.

Die Länge einer Andacht hängt hauptsächlich von dem Alter der Kinder und der Motivationsfähigkeit der Eltern ab. Ich persönlich meine: In der Kürze liegt die Würze! Bei einem Vorschulkind würde ich nicht über drei bis fünf Minuten hinausgehen, es sei denn, das Kind drängt danach. Grundsätzlich gesehen ist es doch besser, wenn ein Kind den Eindruck hat: „Oh, ist es schon zu Ende?", als wenn es gelangweilt die Zeit absitzt.

Denke ich an die täglichen Andachten mit Schulkindern, dann meine ich, fünf bis zehn Minuten seien das durchschnittliche Zeitmaß.

Ausnahmen sind dann die Tage, an denen die Pflichten nicht drängen, vielleicht das freie Wochenende oder die Urlaubszeit. Bei diesen Gelegenheiten sitzen wir manchmal eine viertel bis eine halbe Stunde zusammen.

Wie wird man mit den Altersunterschieden fertig? Wir haben ein 2jähriges Mädchen und zwei Jungen im Alter von 4 und 7 Jahren. Sie haben doch selbst eine große Familie. Wie machen Sie es?

Je größer der Altersabstand ist, um so schwieriger lassen sich Familienandachten gestalten. Entweder sind die Jüngeren überfordert und langweilen sich, oder die Älteren sind unterfordert.

Es gibt verschiedene Lösungsmöglichkeiten: Sie könnten sich für eine Woche mehr auf das jüngere Kind einstellen und danach für einige Zeit auf die älteren Kinder. Sie können den Älteren aber auch mehr Verantwortung übertragen, indem das schulpflichtige Kind den Bibeltext vorliest und bei

Verständnisfragen den Jüngeren Erläuterungen gibt.

Bei uns ist es so, daß wir die Familienandacht am Frühstückstisch vom Anspruch her auf die Schulkinder ausrichten. Das heißt, unsere Jüngste mit knapp drei Jahren ist gar nicht dabei oder spielt leise vor sich hin. Die fünfjährige Mirke will zwar teilnehmen und hört zu, aber sie malt still in ihr eigenes „Andachtsbuch". Eine Zeitlang richte ich den Anspruch mehr auf die Grundschulkinder und dann wieder auf die Älteren. Meine jugendlichen Kinder halten ihre „Stille Zeit" ohnehin für sich allein in ihrem Zimmer. Mit den Allerkleinsten haben wir dann abends vor dem Zubettgehen ihre kleine Andacht und den Tagesabschluß am Bettchen.

Wenn wir mit den älteren Kindern in unserer Familienrunde zusammensitzen, will unsere Kleinste mit zwei Jahren einfach nicht ruhig sein. Sie macht Krach, redet dazwischen und will ständig die Aufmerksamkeit für sich haben.

Sagen Sie der Kleinen: „Hör mal, das ist jetzt eine Andacht für deine älteren Geschwister. Du darfst dabei sein, wenn du leise bist. Sonst gehst du raus und spielst für dich allein. Hinterher nehme ich mir Zeit für dich!"

Das letzte Versprechen müssen Sie dann aber auch unbedingt einhalten. Dann können Sie mit gutem Gewissen erwarten, daß das Kind entweder ruhig ist oder hinausgeht.

Es ist keine Überforderung, für die fünf bis zehn Minuten Ruhe zu erwarten.

Ich kann mir die Gebete meines 4jährigen Sohnes bald nicht mehr anhören. Jeden Tag betet er das gleiche: „Danke, Jesus, für den Tag. Laß mich gut schlafen. Sei bei Mama und Papa und mache morgen wieder Sonne." Wie kann ich nur seine Gebetshaltung ändern?

Kinder haben bereits die gleichen Probleme mit dem Beten wie manche Erwachsene. Ihnen fällt nicht genug ein, was sie Gott sagen könnten. Achten Sie einmal auf Ihren Gebetsstil, denn Sie sind ja das erste Vorbild für die Gebetshaltung Ihres Kindes.

Andererseits kann es eine Überforderung sein, von einem kleinen Kind ständig selbstformulierte Gebete zu erwarten. Lernen Sie doch zusammen einige festgelegte Gebete. Bei denen besteht natürlich auch die Gefahr des Herunterleierns, aber sie haben doch wenigstens eine bedeutungsvolle Aussage.

In meinen Augen ist eine Kombination das beste. Ein gutes, auswendig gelerntes Gebet und freie Äußerungen, die sich anschließen. Weiterhin kann es eine Hilfe sein, wenn Sie vorher besprechen, wofür Sie danken und bitten wollen. Ist das Kind erst einmal älter, können Sie mit Gebetskärtchen arbeiten, auf denen Sie Ihre Anliegen und Ihren Dank schriftlich festhalten.

Ich habe nicht das Problem, daß mein Kind immer das gleiche betet. Mein Problem ist, daß mein Kind gar nicht beten will. Was macht man denn da?

Genauso wenig, wie man Liebe erzwingen kann, sollte man Gebete fordern. Wenn Ihr Kleines bei der

Abendandacht kräht: „Ich will aber nicht beten!", dann sollten Sie nicht enttäuscht oder erschüttert reagieren. Antworten Sie unbeeindruckt: „Dann werde *ich* aber beten!" Achten Sie darauf, daß Sie keine Drohung aussprechen, etwa: „Wenn Du nicht betest, dann wird Jesus aber böse." Jedoch: „Jesus freut sich darüber, und ich habe ihn lieb, darum werde ich jetzt beten", ist legitim.

Die kleine Freiheit des Kindes sollte akzeptiert werden, aber es darf durch seine Laune nicht den christlichen Lebensstil in einer Familie diktieren, indem es zum Beispiel eine Andacht blockiert oder seine Geschwister durch seine Unlust davon abhalten will.

Ich habe immer wieder erlebt, daß kleine Kinder Tage oder gar Wochen nicht mitgebetet haben. Je weniger ich es dramatisiert habe, um so eher waren Sie eines Tages wieder dabei.

Was raten Sie bei einem älteren Kind, zum Beispiel bei einem Teenager? Unser 14jähriger ist in einer Phase, in der er an nichts mehr teilnehmen möchte, weder am Gottesdienst noch an der Familienandacht, noch am gemeinsamen Gebet.

Ich vermute, Ihr Sohn steckt mitten in den seelischen Schwankungen seiner Pubertät und ist auf dem Weg, eine eigene Persönlichkeit zu werden. Diese Zeit durchzustehen, ist nicht leicht, weder für ihn noch für die Eltern. Sagen Sie ihm: „Wir haben dich nach wie vor lieb und wollen dir beistehen. Diese Stimmungen sind in deinem Alter ganz normal." Aber erklären Sie auch ganz unmißverständlich, daß es nicht richtig ist, die ganze Familie darunter leiden zu lassen. (Wenn er das Büchlein „Zwischen 12 und 17" noch nicht gelesen hat — jetzt ist es höchste Zeit!) Eltern müssen sich vor Augen malen: Zu einer gesunden Persönlichkeitsentwicklung gehört, die übernommenen Werte zu hinterfragen und sie für sich selbst zu formulieren. Jeder Teenager wird sich mehr oder weniger stark mit folgenden Fragen herumschlagen: „Gibt es wirklich einen Gott? Kennt er mich? Soll ich das glauben, was mir meine Eltern erzählt haben? Wie will ich eigentlich leben?"

Selbst eine aufrichtige Kinderbekehrung kann in den Teenagerjahren in Zweifel gestellt und muß eventuell neu bekräftigt werden. Für christliche Eltern erscheint diese Phase besonders bedrohlich, weil sie ihre gesamte Erziehung in Frage gestellt sehen. Wenn Sie anerkennen, daß dieser "Seelen-Erforschungsprozeß" ein notwendiger Teil der Persönlichkeitsentwicklung des Teenagers ist, mag es für Sie weniger schmerzhaft sein.

Trotz dieses häufig turbulenten Entwicklungsprozesses haben Sie nach wie vor die Verantwortung, einen christlichen Lebensstil in ihrer Familie aufrechtzuerhalten. Sie können ihm ihren Glauben nicht aufzwingen, aber doch erwarten, daß der Junge das Tischgebet „über sich ergehen läßt" und auch bei der Familienandacht dabeisitzt.

Begründen Sie es so: „Mein Lieber, ich kann nicht kontrollieren, was du denkst. Das ist deine Sache. Aber ich habe dem Herrn versprochen, daß wir ihn in diesem Hause ehren. Dazu gehört, daß wir beten und Andacht halten. Solange wir zusammenleben, erwarte ich, daß du das akzeptierst."

Ob die Eltern eines 14jährigen verlangen können, daß er auch mit zum Gottesdienst geht, hängt von der gesamten Familienatmosphäre und dem Grad seiner Ablehnung ab. Ich persönlich würde die Teilnahme erwarten.

Ich werde die Sorge nicht los, daß ich durch Familienandachten in der Art, wie Sie sie beschreiben, meine Kinder zu sehr beeinflusse, ja sogar manipuliere.

Eltern wird von manchen modernen Pädagogen gesagt, sie dürften ihre Kinder nicht mit ihrer eigenen Anschauung konfrontieren. Kinder sollten selbst entscheiden, wie sie einmal ihr Leben führen wollen. Wenn man über diese pseudo-pädagogische Forderung nachdenkt, muß man zu dem Schluß kommen, daß sie Unsinn ist und gerade von denen, die sie stellen, nicht eingehalten wird.

Kinder wachsen nicht in einem werte- und meinungsfreien Raum auf oder sammeln lediglich Informationen, um sich dann später zu entscheiden, wie sie leben wollen. Ein Kind, und gerade ein junges Kind, ist immer lernbegierig: Es nimmt ständig neue Denk- und Verhaltensmuster auf und identifiziert sich mit Vorbildern.

Fragt sich nur, mit welchen? Wenn Sie sich vornehm zurückziehen und das Wertvollste Ihres Lebens, nämlich Ihre Liebe zu Jesus, Ihrem Kind nicht vorleben und weitersagen, geben Sie allen anderen Einflußbereichen freien Raum, die Persönlichkeit Ihres Kindes zu prägen.

Denken Sie einmal über folgenden Text nach, der mir vor einiger Zeit in die Hände kam:

„Manche Eltern sagen: ‚Wir wollen unsere Kinder nicht beeinflussen, ihre Entscheidung und ihre Wahl im Blick auf die Religion zu treffen.'
Warum nicht?
Die Presse wird es tun!
Das Fernsehen wird es tun!
Die Anzeigen werden es tun!
Die Nachbarn werden es tun!
Die Politiker werden es tun!
Die Macht der Sünde wird es tun!
Und wir? Wollen wir unsere eigenen Kinder übersehen?
Gott, vergib uns, wenn wir es täten!"

Zwischen 12 und 17

Eberhard Mühlan behandelt Themen, für die sich Heranwachsende in diesem Alter besonders interessieren:

- körperliche und seelische Entwicklung
- Sexualität
- Beziehungen zu Eltern und Freunden
- Leitbilder
- Lebensziele

Die jugendgemäße Sprache des Autors und zahlreiche witzige Cartoons vermitteln dem Leser das Gefühl, daß er in seiner eigenständigen Entwicklung verstanden und angenommen wird.

Das Buch ist aus der Erziehungspraxis einer 14köpfigen Familie heraus entstanden.

Taschenbuch, 80 Seiten
Best.-Nr. 15 465